O Sobrevivente

ALEKSANDER HENRYK LAKS
COM TOVA SENDER

O SOBREVIVENTE

*Memórias de um brasileiro
que escapou de Auschwitz*

19ª edição

EDITORA RECORD
RIO DE JANEIRO • SÃO PAULO
2024

CIP-Brasil. Catalogação-na-fonte
Sindicato Nacional dos Editores de Livros, RJ.

Laks, Aleksander Henryk
L198s   O sobrevivente: memórias de um brasileiro que escapou
19ª ed. de Auschwitz / Aleksander Henryk Laks, Tova Sender. –
19ª ed. – Rio de Janeiro: Record, 2024.

ISBN 978-85-01-05831-7

1. Laks, Aleksander Henryk – Biografia. 2. Holocausto
judeu (1939-1945) – Narrativas pessoais. I. Sender, Tova,
1951- . II. Título.

	CDD – 940.547243
00-1107	CDU – 940.53

Copyright © 2000 by Aleksander Henryk Laks e Tova Sender

Capa e encarte: Carol Sá e Sérgio Campante

Fotos da capa e encarte: arquivo particular de Aleksander Henryk Laks

Direitos exclusivos desta edição reservados pela
EDITORA RECORD LTDA.
Rua Argentina, 171 – Rio de Janeiro, RJ – 20921-380 – Tel.: (21) 2585-2000

Impresso no Brasil

ISBN 978-85-01-05831-7

Seja um leitor preferencial Record.
Cadastre-se em www.record.com.br e receba
informações sobre nossos lançamentos e nossas promoções.

EDITORA AFILIADA

Atendimento e venda direta ao leitor:
sac@record.com.br

A Syma,
a mãe que me deu a vida.
A Balcia,
a mãe que deu a vida por mim.
A Jacob,
o pai que me estimulou a viver.
Aos meus professores no gueto,
que me incutiram cultura.

ALEKSANDER HENRYK LAKS

A
Gisela,
Ilana e
Tamara,
que dão um sentido à minha vida.

TOVA SENDER

Nós, crianças, rogamos-Lhe,
nosso Deus, criador do mundo:
conceda-nos uma vida delicada e pura
e cultive, em nós, a bondade.

SUMÁRIO

Apresentação 11

Introdução 15

1 Você... 17

2 Você está... 33

3 Você está em... 49

4 Você está em Auschwitz. 67

5 Você está em Auschwitz. Daqui... 79

6 Você está em Auschwitz. Daqui só... 91

7 Você está em Auschwitz. Daqui só se... 105

8 Você está em Auschwitz. Daqui só se sai... 119

9 Você está em Auschwitz. Daqui só se sai pela... 135

10 Você está em Auschwitz. Daqui só se sai pela chaminé. 151

11 Vá para o ocidente. 163

12 Vá para o ocidente. Talvez você possa encontrar mais judeus 169

APRESENTAÇÃO

Parece uma lembrança que sai das brumas do tempo; um fantasma que desenha suas confusas formas sobre as paredes do esquecimento. Não é um livro de História; muito menos uma antologia de "estórias". Não é uma crônica do Holocausto, nem um relato completo da tragédia do povo judeu. É apenas o resumo de uma vida resgatada das garras frias da crueldade, do sadismo e da estupidez humana. Como conseguiu sobreviver Heniek aos horrores do confinamento nos guetos, da fome, da brutalidade nazista, das deportações, dos campos de concentração, da tragédia da dissolução familiar, da solidão? Como conseguiu atravessar o Atlântico e reconstruir uma vida que parecia perdida?

Haveria tantas perguntas a serem feitas, após a leitura

deste livro! Talvez seja melhor deixá-las sem resposta, pairando no ar, vagando na nossa mente, enquanto semeiam a inquietude nos nossos corações. Perguntas que queimam e nos incomodam; perguntas que não permitem que esqueçamos o passado. Um passado cheio de sangue, suor e lágrimas, de tragédias e esforços, de traições e lealdades a toda prova; um passado que gostaríamos que nunca tivesse existido, porque questiona as nossas certezas.

E, apesar de tudo, não podemos e não devemos esquecer. Precisamos da lembrança, para podermos construir um futuro diferente. Um futuro onde a crueldade desapareça, onde o ser humano não seja brutalizado, onde seja possível o convívio harmonioso e fraterno entre grupos humanos diferentes. Estarei sonhando, ao imaginar esse futuro? Será possível lutar por ele, quando nos lembramos do passado cruel? Sim, estou certo de que, ao preservar a memória do passado, estamos buscando caminhos novos de esperança.

Por que sobreviveu Heniek? Não terá sido para preservar a memória daquele passado e para mostrar-nos que, apesar de toda a crueldade humana, a vida teima em aparecer? Não será para que pudesse mostrar-nos a porta da esperança que, em certos momentos, talvez nem ele próprio enxergava, mas na qual havia sempre uma abertura por onde poder contemplar o infinito? A todos os que tenham a oportunidade de ler este relato simples, mas profundamente humano, eu os convido a mergulhar no mais profundo do seu ser e a assumir um compromisso de lutar para que nunca se repita a degradação do ser humano testemunhada por Heniek.

PE. JESÚS HORTAL SÁNCHEZ, SJ

REITOR DA PUC-RIO

INTRODUÇÃO

Os fatos que vou relatar aqui, não os li nos livros de História. Eu os ouvi pessoalmente de um sobrevivente que, por sua vez, não leu nos livros de História os fatos que me relatou. Para o seu pesar, ele os viveu na pele, no sangue, nos ossos, nos nervos, em cada sopro de sua vida. Hoje, ele os vive e revive na memória e faz com que cada ouvinte seu se sinta como um sobrevivente da atrocidade do nazismo, porque o que ocorreu a ele poderia ter ocorrido a qualquer um de nós. Os fatos que vou relatar aqui, junto com meu amigo Heniek, ocorreram de verdade. Heniek sobreviveu para contar, como se segue.

CAPÍTULO 1

Você...

Nasci em Lodz, na Polônia, em 1927. Lodz era uma cidade grande e importante. Havia lá mais de duzentos e trinta mil judeus. Eu era filho único de uma família de classe média e vivia cercado de mimos. Na realidade, as circunstâncias de meu nascimento foram bastante curiosas. Meus pais tiveram um casal de filhos gêmeos, antes de mim. A menina morreu com oito dias; o menino, um mês depois. Minha mãe recebeu orientação médica para não mais engravidar. Uma nova gravidez implicaria risco para ela e para a criança. Apesar dessa advertência, minha mãe optou por ter um filho. Embora meu pai não fosse um homem religioso, consultou um rabino. Pediu-lhe conselho sobre como proceder para que a criança vingasse. Consultar o *rebbe* em ocasiões de crise e desespero era um costume entre os judeus. Meu pai considerou essa situação uma emergência que justificava uma visita ao *rebbe* e foi consultar o da cidade de Aleksander, perto de Lodz. Após ouvir o relato do que ocorrera aos gêmeos, o sábio homem orientou meu pai, dizendo que a criança não poderia ser amamentada pela mãe. Além disso, falou que, se fosse um menino, deveria usar somente roupas brancas, não poderia cortar os cabelos até determinada idade e seu nome hebraico deveria ser Aleksander Chaim Ben Sion, com a tradução correspondente para o polonês, Aleksander Henryk. E assim foi feito, exatamente de acordo com a orientação do *rebbe* de Aleksander.

Hoje fico pensando nas razões que teriam levado o *rebbe* a orientar conforme orientou e percebo que ele se utilizou de muita sabedoria e intuição. Certamente, ele fez uma relação entre a qualidade do leite de minha mãe e a morte dos gêmeos, o que justifica a proibição de amamentar o novo bebê. O uso de roupas brancas, suponho que tenha relação com o cuidado necessário com a higiene; porque, de fato, eu tinha que trocar as roupas umas quatro vezes por dia. A orientação de não cortar os cabelos pode ter a ver com a história do personagem bíblico Samuel, cuja mãe era estéril e teria feito uma promessa de que, se viesse a ter um filho, ele seria dedicado ao serviço divino e nenhuma navalha passaria por sua cabeça. Quanto ao nome, noto a utilização de um recurso místico com a inclusão do nome *Chaim*, que em hebraico significa Vida, e também o complemento *Ben Sion*, que significa Filho de Sion, quando o certo seria *Ben Yaakov*, isto é, Filho de Jacob, que era o verdadeiro nome de meu pai. O *rebbe* trocou o nome de meu pai na tentativa de salvar o bebê que estava para nascer.

Logo após o nascimento, fui amamentado por uma senhora de sobrenome Buchman. Não me lembro de seu primeiro nome. Em seguida, uma ama cristã de nome Marja (lê-se Maria) a substituiu e cuidou de mim até os quatro anos de idade. Minha mãe jamais se recuperou completamente das complicações decorrentes do parto, até que veio a falecer, em 1931. Lembro-me do dia de sua morte, embora eu fosse ainda muito criança. Certa vez, fomos visitá-la no hospital, meu pai e eu. Meu pai levou enfeites para a árvore de Natal que ficava no salão do hospital. Eu quis, de qualquer jeito, pegar uma bola colorida. Peguei-a, ela caiu no chão e quebrou. Lembro-me de como eu chorei.

Dias depois, fiquei doente, com sarampo. Era costume fechar as cortinas para escurecer o interior da casa, porque se acreditava que, se a pessoa com sarampo olhasse para a claridade do dia, prejudicaria a visão. Como eu estava doente e não podia sair para brincar, meus amigos vieram à minha casa. Um deles, de nome Motl, disse-me:

— Você sabia que a sua mãe morreu? Você agora é órfão.

Os demais amigos ficaram quietinhos. Talvez tenham sido orientados para não me contar nada. Mesmo fragilizado devido à doença, eu quis avançar para cima de Motl pelas coisas que me disse, embora não tenha me dito por mal, mas por imaturidade. Foi quando ouvi um ruído diferente na rua. Afastei a cortina e vi um cortejo fúnebre passando diante da minha casa. Apesar de não ter me detido nas pessoas que acompanhavam o cortejo, dei-me conta de que aquele era o cortejo fúnebre de minha mãe. De fato, meu pai havia solicitado que, no caminho do hospital para o cemitério, o cortejo passasse pela minha casa, como uma despedida para minha mãe. Desisti de bater em Motl, meu amigo, e comecei a chorar.

Algum tempo após a morte da esposa, meu pai veio a se casar com uma outra moça, de nome Balcia Leser, madrasta que se tornou a minha mãe por tanto amor que me dedicou, e eu a ela. Eu a chamei de mãe durante todo o tempo em que estivemos juntos, e assim me refiro a ela até hoje.

Usei roupas brancas até os sete anos. Todos na cidade me conheciam devido às minhas roupas. Até mesmo no mais rigoroso inverno, vestiam-me de branco. Com o passar do tempo, eu não quis mais ser diferente dos outros meninos. Chorei muito para conseguir que meu pai desistisse do branco. Tanto fiz, que ele foi ao *rebbe* de Aleksander pedir a sua permissão. De início, o *rebbe* recusou, mas, devido à insistência de meu pai, acabou cedendo e orientou que a retirada do traje branco fosse gradativa. E assim foi feito.

Meus pais depositavam em mim muitos sonhos e esperanças. Eu queria estudar Medicina. Como as vagas para alunos judeus eram limitadas nas universidades da Polônia, meu pai planejava me mandar para a França, quando chegasse o momento. O que eu viria a ser? Médico? Cientista? Poeta? Se fosse pela vontade e dedicação de meus pais, certamente eu teria sido tudo isso, além de professor. Mas não foi bem assim que as coisas aconteceram.

Nossa família era engajada politicamente, e eu recebi formação socialista. Meu pai era membro ativo do partido político judaico Poalei Sion Smol, um partido sionista de esquerda. Minha prima Chaia'le, alguns anos mais velha que eu, pertencia ao partido socialista judaico Bund. Um dia, Chaia'le foi a uma reunião do partido e me levou com ela. Eu tinha onze anos. Na verdade, a intenção de minha prima era me levar para passear, mas eu era muito ligado nas questões políticas e fiquei atento à reunião. Ouvi quando um homem relatou a respeito de uma greve de trabalhadores. Os grevistas eram os operários da fábrica de tecidos, que reivindicavam melhores salários porque suas famílias passavam fome. A polícia interrompeu a greve massacrando os trabalhadores, deixando-os muito feridos. Eu fiquei impressionado com o fato, apesar de ser ainda uma criança. Fui para casa sufocado. Consegui expressar o meu sentimento criando uma poesia. Naquela época, eu não sabia que se tratava de uma poesia. Guardei o texto na memória; e, apesar de tantos anos decorridos, lembro-me de cada frase, cada palavra, cada lamento...

— *Mamãe, comida!*
— *Quietas, crianças; crianças, silêncio!*

Quietas, crianças! Papai está em greve,

e quando papai está em greve,

as panelas na cozinha também ficam em greve.

— Mamãe, está escuro!

— Quietas, crianças; crianças, silêncio!

Quietas, crianças! Papai está em greve,

e quando papai está em greve,

a lâmpada na parede também fica em greve.

— Quando papai chegar,

quando a greve vingar,

ele vai trazer para mim um par de sapatinhos.

— Para mim, um vestidinho.

— Para mim, um pão bem grande.

— E para mim, uma bandeirinha,

uma bandeirinha vermelha.

Espera-se por uma notícia da greve,

uma boa notícia da greve.

Espera-se um dia, um segundo e um terceiro dia,

espera-se tanto, até que a notícia chega.

Trouxeram papai carregado,

a camisa ensangüentada,

a cabeça atada com bandagens,

enrolada como um repolho.

Papai permanece deitado, em pesado silêncio.

Nada trouxe para as crianças;

sapatinhos, vestidinho ou pão.

Só uma camisa ensangüentada

e uma bandeirinha vermelha...

A Polônia era um país impregnado de anti-semitismo. Havia boicote econômico contra os judeus, limite de vagas nas universidades e proibição de certos cargos públicos. Além disso, o governo polonês incitava a população contra nós. Eu não sentia tanto os efeitos do anti-semitismo, porque a vizinhança próxima à minha casa era menos hostil a nós. Ali moravam também muitos alemães nascidos na Polônia. Eram filhos de alemães e, pela lei do sangue, conforme a legislação alemã, eles eram alemães, apesar de terem nascido na Polônia.

Corria o ano de 1939. Sabíamos que os judeus na Alemanha eram perseguidos. Sabíamos, mas nada fizemos para ajudá-los e nem para nos ajudar. Na verdade, achávamos que não aconteceria conosco.

Eu contava, então, doze anos, e estudava na escola regular com outras crianças polonesas, judias e não-judias. Éramos amigos, apesar das diferenças culturais. Estávamos sempre juntos: nas brincadeiras, nos estudos, nos recreios, até nas brigas; mas sempre juntos.

Nós, as crianças, costumávamos comentar com orgulho a respeito da cavalaria do exército polonês. Sentíamos, além de vaidade, proteção. Para nós, meninos, a cavalaria era invencível. Quando os soldados passavam, íamos atrás, marchando e entoando canções nacionais. No nosso sonho infantil, nenhum exército do mundo poderia invadir as nossas fronteiras. Nem mesmo Hitler, que tanto ameaçava a Polônia. Se Hitler invadisse a Polônia, pensávamos, nossa cavalaria acabaria com ele em dois tempos. Achávamos que ganharíamos a guerra contra Hitler. Éramos ingênuos; não havíamos vivenciado ainda nenhum tipo de violência na nossa curta e feliz infância.

No dia 1º de setembro de 1939, teve início o maior pesadelo da humanidade. As forças de Hitler invadiram a Polônia. A Grã-Bretanha e a França exigiram a retirada da Alemanha, o que não ocorreu, razão pela qual ambas as nações lhe declararam guerra. Lembro-me bem deste 1º de setembro. Minha mãe e eu fomos comprar peixe para o *Shabbat*. Compramos o peixe no mercado de Lodz e voltamos para casa. Já se sabia que a guerra havia começado. Minha mãe estava tensa e preocupada. Sabíamos que meu pai, então com trinta e nove anos, seria convocado pelo exército. De minha parte, eu não entendia o motivo de tanta preocupação. Nos meus inocentes doze anos, sentia até orgulho e vaidade por meu pai se tornar um soldado, e sabia que nós venceríamos a guerra contra a Alemanha. Na verdade, ninguém em Lodz poderia jamais imaginar o que estava por acontecer: que a nossa cidade seria invadida e tomada pelos alemães.

Meu pai costumava contar as histórias da guerra soviético-polonesa em 1920 e de sua participação como herói nacional. Ele havia sido legionário; os legionários iam à luta contra a União Soviética na defesa da independência da Polônia. O exército polonês oficial estava ainda em formação; cada general comandava seus batalhões, os quais, ao final da guerra, foram unificados em um só exército. Meu pai contava sobre a batalha que ficou conhecida como "O Milagre do Vístula", em que ele se consagrou herói. Os russos chegaram até o rio Vístula, perto de Varsóvia. Ali se desenrolou uma batalha decisiva; o batalhão de meu pai foi quase todo aniquilado, inclusive os oficiais. Restaram poucos soldados. Meu pai, que era sargento, e um outro sargento polonês assumiram o comando do destacamento.

Assim, os que sobraram daquele batalhão defenderam a posição até a chegada de reforço. Meu pai e o outro sargento foram citados na ordem do dia como heróis e merecedores da medalha de bravura. O sargento polonês recebeu a condecoração; meu pai, no entanto, por ser judeu, jamais a recebeu. Por muito tempo ele pleiteou a medalha, mas nunca foi atendido; apenas uma vez responderam que estavam estudando o caso. Era o anti-semitismo que envenenava a Polônia.

Já no primeiro dia de guerra, vimos aviões alemães sobrevoando Lodz. Eles bombardearam um campo de aviação, de nome Lublinek, próximo à nossa cidade. Os poucos aviões da Polônia foram destruídos ainda em terra. O exército polonês começou a convocar os reservistas. Meu pai não foi chamado. Não houve tempo. A derrota do nosso exército foi muito rápida.

Lodz ficava distante da fronteira alemã cerca de cento e cinqüenta quilômetros. Desde o primeiro dia, a cidade ficou totalmente desorganizada. Ao terceiro dia do início da guerra, vimos a artilharia deixando a cidade. O exército polonês estava recuando. Havia pânico na cidade e gritos por toda parte. A rádio alemã, transmitindo para a Polônia em polonês, estimulava a população civil a deixar a cidade em direção a Varsóvia. Esse foi um artifício utilizado pelos alemães para congestionar as estradas, com o propósito de obstruir a passagem do exército polonês em retirada. Dois dias depois, quando os últimos soldados passaram a cavalo, soubemos que não mais havia exército polonês e que a nossa cidade estava perdida. Começamos a alimentar a esperança de que a Inglaterra e a França ganhariam a guerra, derrotando a Alemanha.

No sexto dia da invasão, os *Volksdeutsche*, os alemães nascidos na Polônia, passaram logo a envergar braçadeiras com suásticas. Pela manhã já tremulavam bandeiras nazistas em Lodz, e à noite fomos informados de que a cidade estava sob domínio alemão. Junto a esse comunicado, afixado nas esquinas, havia também a advertência de que qualquer ato de resistência ou sabotagem contra a Alemanha seria punido com a morte. O estado de Lodz recebeu o nome alemão de Wartegau, e a cidade de Lodz passou a se chamar Litzmannstadt.

Até então, achávamos que a vida humana tinha valor. Pensávamos que não havia nada mais valioso, nada que superasse a importância de uma vida. No entanto, o que vimos no dia seguinte compromete a dignidade humana.

É algo inimaginável, até mesmo para a mente mais cruel. A partir daí, a morte passou a ser uma rotina.

Naquela mesma noite, terminou o blecaute. Pela primeira vez desde o bombardeio, as pessoas saíram à rua. Os judeus foram à sinagoga. No dia seguinte, pela manhã, o exército alemão entrou em Lodz, de forma oficial. Ficamos impressionados. O nosso exército polonês, a melhor cavalaria do mundo, parecia um brinquedo em comparação ao que vimos. O exército alemão tinha cavalos e tanques transportados em caminhões. Havia também tanques no chão, prontos para atirar. Não eram como os nossos canhões, puxados a cavalo.

A entrada do exército alemão em Lodz foi acompanhada por atos de violência e terror. O alvo principal dos soldados da SS eram os judeus. Os judeus religiosos eram facilmente identificáveis por seus trajes e barbas. Os judeus laicos não eram identificáveis porque se vestiam como os demais e se barbeavam. A tarefa de apontar os judeus para a SS ficou por conta dos poloneses, que se aliaram aos alemães desde o início para delatar quem era judeu. Os nazistas pegavam judeus, enforcavam-nos em postes de luz e deixavam os corpos expostos. Na praça Baluty, à entrada de Lodz, cinco pessoas foram enforcadas. Nenhuma dessas pessoas havia praticado qualquer ato de resistência ou sabotagem contra a Alemanha, conforme se lia no comunicado. Elas foram executadas para servir de exemplo e evitar qualquer tentativa de reação. Ninguém podia acreditar no que via. Eram ruas inteiras com os corpos pendurados nos postes. Houve um rumor na cidade de que os alemães haviam pendurado bonecos de cera para nos assustar. Mas essa era uma defesa da nossa mente, por nos ser impossível aceitar aquela realidade. Infelizmente, não eram bonecos de cera. Eram seres humanos. Eram seres humanos. Eram seres humanos.

O quartel-general do comando da SS instalou-se no palacete de Poznanski, um rico judeu sem filhos que havia deixado seus bens em favor da comunidade judaica de Lodz. Um dia, eu andava pela rua e vi muitas pessoas correndo na mesma direção. Ouvi o que diziam. Iam pegar madeira no depósito abandonado logo após a ocupação alemã, que ficava próximo ao quartel-general da SS. Mesmo sem avisar nada a meus pais, decidi ir também. Eu pegaria uma tábua para fazer lenha e aquecer a casa. As tábuas eram muito pesadas. Peguei uma e a arrastei pelo caminho. Eu era muito pequeno e pesava, talvez, menos que a tábua. Lá pelo meio do caminho entre o depósito e a minha casa, aproximou-se de mim um soldado da SS. Ele perguntou:

— O que você está levando aí, garoto?

— Achei esta tábua e estou levando para fazer lenha.

— Escuta aqui, garoto! Desta vez passa, mas na próxima eu te mato!

O que mais lamento é que, logo em seguida, tive que abandonar a tábua por não agüentar mais arrastá-la, devido ao peso. Além disso, ainda fui severamente repreendido em casa, quando contei a meus pais o que havia acontecido.

CAPÍTULO 2

Você está...

A vida dos judeus ficou insuportável, e isso era apenas o início. Foram afixados cartazes comunicando que os judeus deveriam identificar as suas casas pregando uma estrela-de-davi à porta. Não era permitido trancar a casa, nem durante o dia e nem à noite. Fomos obrigados a usar, para efeito de identificação, a estrela-de-davi amarela no lado direito do peito e atrás, na altura das costas. Desde 1935 havia na Alemanha uma lei que obrigava aos judeus o uso da estrela-de-davi amarela. Como a nossa cidade foi anexada ao III Reich e passamos a pertencer à Alemanha, a lei se aplicou também a nós. Nas localidades da Polônia que não foram anexadas ao III Reich, os judeus deviam usar braçadeiras brancas com a estrela-de-davi azul para identificação.

Além dessa exigência, outros procedimentos foram adotados contra os judeus. Fomos proibidos de circular pelas ruas principais da cidade. Naquelas em que era permitido transitar, tínhamos de seguir pelo meio da rua, pois não podíamos andar nas calçadas. Devíamos tirar o chapéu, em sinal de reverência, a todo alemão fardado ou a qualquer civil que usasse a braçadeira com o símbolo nazista. Muitas vezes, um judeu tirava o chapéu diante de um oficial e este lhe dizia:

— Você me conhece?

— Não. Eu não o conheço.

— Por que está tirando o chapéu para mim, se não me conhece?

— Porque sou obrigado por lei.

— Se não me conhece, judeu, não tire o chapéu para mim.

E o judeu era espancado. Mas, se um judeu passasse diante de um alemão fardado ou envergando o símbolo nazista e não tirasse o chapéu, era espancado da mesma forma, por não ter tirado o chapéu. Este é um pequeno exemplo da crueldade do inimigo de instintos animais, demoníacos.

Os judeus tiveram que executar trabalhos forçados, como fazer faxina nos quartéis sem material de limpeza, com as próprias mãos. Igualmente com as mãos limpavam as ruas e os bueiros. Eram obrigados a passar por todo gênero de humilhações, como cavar valas, tirar a roupa e atirar na vala, e dançar sobre a roupa cantando os cânticos sagrados.

Os judeus religiosos tinham as barbas arrancadas com a própria pele. Isso ocorreu também a meu avô — que nunca se curou das feridas. Meu avô foi o primeiro membro de nossa família a ser deportado e exterminado em câmara de gás móvel camuflada, em Chelmno.

Devido a toda essa situação de terror, não era recomendável que judeus saíssem às ruas. Todos tínhamos muito medo. No entanto, precisávamos comer. Eu era, então, um menino de doze anos; ia à rua, sem a estrela, para trazer comida. A comida disponível era pão. As filas nas padarias começavam a se formar durante a noite. Era inverno e fazia muito frio. A temperatura chegava a vinte graus negativos. Era preciso chegar à fila durante a madrugada e esperar amanhecer para comprar o pão. Eu ia para a fila por volta das duas horas. Apesar de bem agasalhado, sentia frio e congelava. Às oito da manhã, chegava um policial alemão e ordenava que os judeus se retirassem da fila. Eu tentava permanecer, fingindo que não era comigo. Muitas vezes, meus ex-amigos me denunciavam. Apontavam para mim, indicando que ali havia um judeu. Estes eram os amigos de antes. Aqueles, dos tempos de paz, juntos nas brincadeiras, nos estudos, nos recreios, até nas brigas; mas sempre juntos, apesar das diferenças culturais. Aqueles que se orgulhavam comigo do nosso exército e que, depois de perder a própria pátria, passaram a colaborar com os alemães, acusando-me. Aqueles que me convidavam para o Natal e que compareciam à nossa casa nos feriados judaicos. A manifestação do anti-semitismo neles foi muito rápida; como se sempre tivesse existido ali, em estado latente. E eu era expulso da fila aos pontapés, depois de seis horas congelando de frio. E voltava para casa sem pão, chorando. E ninguém em casa comia.

Os alemães convocaram a liderança da comunidade judaica em Lodz e solicitaram a criação de um grupo que servisse de intermediário entre judeus e alemães. Criou-se, então, o Judenrat, o conselho judaico, liderado por Mordechai Chaim Rumkovski. Rumkovski administrava as questões internas dos judeus, em atendimento às exigências dos alemães. Ele nos orientava no sentido de obedecermos sempre aos nazistas para não sermos maltratados. Na verdade, essa função não era nada simpática à comunidade; além disso, o próprio Rumkovski revelou-se uma pessoa bem arrogante. De um modo geral, ninguém gostava dele, e chegava a ser odiado pela maioria.

Nossa família apreciava a cultura alemã. Não podíamos suportar a idéia de que o povo alemão havia se contaminado até um nível tão baixo. Preferíamos acreditar que tudo aquilo era passageiro, e não tomávamos muito a sério aqueles primeiros sinais do que estava por vir. A imprensa alemã negava todas as atrocidades, e achamos preferível acreditar. Era como uma proteção. Queríamos nos agarrar a qualquer esperança. Acreditávamos nisso porque desejávamos que fosse assim.

Muitos judeus fugiram de Lodz para outras cidades. Fugiam também para a Polônia oriental, ocupada pelos russos. Passavam a fronteira, buscando escapar do domínio alemão. Mas parecia que lá as coisas não estavam muito melhores. A praga tomara conta do lugar; havia sujeira e piolhos. Muitos voltaram para o lado alemão, o que foi um erro, conforme se esclareceu mais tarde.

Eu jamais havia escutado um termo que, nos anos que se seguiram, tornou-se familiar aos meus ouvidos, para a minha infelicidade. Esse termo é *gueto*. Logo começamos a ouvir rumores de que seríamos confinados em um gueto. Meus pais me contaram que, durante toda a Idade Média, os judeus viveram em guetos. Eram proibidos de morar em outro lugar. Os guetos não eram fechados durante o dia, mas à noite os judeus deviam retornar. Essa foi a maneira encontrada para mantê-los separados dos cristãos. Os judeus do gueto eram obrigados a viver em um ambiente de superlotação e sujeira, em condições desumanas. Certamente, isso nos ocorreria também, se construíssem o gueto.

Hitler considerava os judeus uma raça inferior. Para ele éramos uma raça, mas não éramos humanos, e por isso não tínhamos direitos humanos. Hitler propôs um plano ao qual chamou "solução final". A referência era à solução da questão judaica que, para os nazistas, significava "limpar" a Europa da presença judaica pelo extermínio em massa. A instituição do gueto foi o primeiro passo para executar o plano da "solução final".

As demais raças, diferentes da raça ariana, eram também consideradas inferiores; no entanto, o alvo principal eram os judeus. Todas as raças, segundo os alemães, seriam escravizadas pela raça ariana, exceto os judeus, que teriam que desaparecer. Eles cantavam uma canção cuja letra dizia:

"Sangue judeu tem que jorrar porque queremos derramar."

E ainda outra que proclamava:

"Somos arianos. Hoje temos a Alemanha, amanhã teremos o mundo inteiro."

O medo e o desespero eram tão grandes entre os judeus, que teve início uma onda de suicídios. Um grupo se organizou para animar as pessoas e tentar evitar suicídios. Eu era um garoto de doze anos mas já executava essa tarefa. Dizíamos que os alemães perderiam a guerra e voltaríamos à normalidade de nossas vidas.

A notícia do estabelecimento do gueto trouxe algum alívio para nós, judeus. Chegamos a esse ponto. Isso porque, pelo menos, estaríamos livres da hostilidade dos poloneses, que também nos roubavam e nos espancavam. Teríamos que trabalhar para os alemães, é verdade, mas ficaríamos livres da vizinhança polonesa e viveríamos só entre judeus. Não sabíamos, contudo, que aquilo era apenas o início: um plano para que ficássemos concentrados, submissos e disponíveis para as deportações.

Quando Marja, minha ama até os quatro anos, soube que os judeus seriam confinados no gueto, veio implorar para que eu ficasse com ela. Mesmo sabendo que corria risco de vida por poupar um judeu, ela insistiu na idéia. Meu pai não permitiu, e eu fui para o gueto com minha família e com todos os judeus de Lodz e das redondezas.

Os judeus deviam abandonar as suas casas, as quais foram tomadas pelos alemães, que entravam na casa e determinavam um prazo para a família sair. Quando a casa era rica e eles se interessavam pelos objetos, concediam dez ou quinze minutos de prazo. Não dava tempo para levar nada além de algumas roupas. Quando não havia tal interesse, o prazo era maior, um dia, talvez, e era possível carregar mais coisas. Assim, deixávamos as casas, que logo em seguida eram lacradas. Transportávamos a bagagem em carrinhos de mão. À nossa passagem, os vizinhos poloneses, amigos de outros tempos, gritavam:

— Ei, judeu! Passa para cá o sobretudo! Você vai morrer mesmo!

Não havia neles nenhum sinal, nenhum gesto de humanidade. Lamento por isso até hoje.

Em Lodz, o gueto foi estabelecido em Baluty. Os poloneses que lá viviam tiveram que abandonar as suas casas, e os judeus da cidade e arredores se transferiram para lá. Era um bairro pobre, o mais pobre da cidade. As casas, na sua maioria, eram de madeira. Ali, num lugar onde poderiam viver, no máximo, vinte mil pessoas, foram concentradas cento e sessenta mil.

No dia 1º de maio de 1940, o gueto de Lodz foi completamente trancado por fora. Nas cercas, foram afixadas tabuletas com os dizeres:

LITZMANNSTADT-GETTO. MORADIA DE JUDEUS. ENTRADA PROIBIDA.

Sentinelas alemãs guardavam as entradas e as cercas do gueto por fora, e a polícia judaica, por dentro, ameaçava qualquer judeu que se aproximasse delas. A comunicação com o mundo lá fora foi cortada. Desde a ocupação alemã, já havíamos perdido o acesso às notícias de rádio ou jornais. Acompanhávamos o andamento da guerra por meio de percepções sutis, ouvindo rumores aqui ou ali e "lendo nas entrelinhas" de tudo o que podíamos ouvir. Às vezes, aparecia um jornal velho, e utilizávamos a mesma forma de interpretação através da leitura dos sinais. As condições de vida dentro do gueto eram precárias, intencionalmente planejadas para promover a morte natural. Em um só quarto moravam três ou quatro famílias. O Judenrat servia de intermediário entre judeus e alemães. Era como um Estado dentro de um Estado. Havia leis próprias dentro do gueto, além das pressões das leis externas. O presidente do Judenrat, o odiado Rumkovski, nomeou uma comissão com pessoas de sua confiança. O presidente e seus colaboradores abusavam do poder de autoridade. Criou-se um esquema interno de corrupção: roubavam comida da cota destinada à população do gueto, fiscalizavam, delatavam, reprimiam; quando alguém reclamava de alguma coisa, era preso e deportado. Havia também a polícia judaica instituída pelo Judenrat. Certa vez, houve uma greve; os trabalhadores estavam esfomeados. A polícia judaica entrou em ação, e muitos morreram naquele dia. Mais tarde, organizaram uma segunda polícia com a função de fiscalizar a primeira; depois, organizaram uma terceira, o Sonderkommando, cuja função era fiscalizar as duas primeiras e reprimir possíveis manifestações. Havia muitos espiões e delatores; qualquer comentário indesejável culminava em deportação.

A cota diária de calorias era muito baixa, e a morte causada pela fome era freqüente. As pessoas, simplesmente, caíam e morriam. Eram muitos os mortos de fome; tantos, que os sepultamentos individuais deixaram de ser possíveis. No início, os mortos eram sepultados em covas individuais no cemitério judaico de Marisin, que ficava no gueto. Depois, pela quantidade de mortos que havia, os sepultamentos passaram a valas comuns, onde os corpos eram depositados e cobertos com cal virgem, que evitava o mau cheiro. As famílias, por falta de dinheiro para o enterro, colocavam seus mortos na rua, com o nome escrito em um pedaço de papel. Assim, os mortos tinham que ser removidos. Foi preciso criar grupos de trabalho para realizar essa tarefa. Os que participavam ganhavam duzentos gramas de pão a mais. O nome, contudo, de nada adiantava, porque o enterro se dava nas valas comuns. Mesmo assim, as famílias anotavam os nomes de seus mortos e deixavam-nos junto aos cadáveres. Talvez estivessem ainda à espera de algum milagre, que nunca aconteceu.

Logo foram instituídos os cartões de racionamento. Com o dinheiro do gueto, que na verdade era um vale, comprávamos os mantimentos: duzentos gramas de pão, uma sopa e, às vezes, alguns legumes. Tudo foi cuidadosamente estudado e planejado com o objetivo de promover a morte. Essa dieta mantém a vida, no máximo, até oito meses. Eu me mantive com essa alimentação durante quase seis anos, ninguém sabe como.

Havia três hospitais no gueto. Esses hospitais eram usados apenas para hospedar a morte, porque não havia medicação nem recursos de tratamento. As pessoas eram recolhidas e depositadas nos hospitais para não morrerem na rua. Quando, em 1942, o gueto foi declarado campo de trabalho, os hospitais foram evacuados, os enfermos e famintos deportados, e os prédios passaram a servir como alfaiatarias.

Eram muitos os enfermos, mas não havia nenhum medicamento. Entre nós, difundiu-se a crença de que a casca de batata continha todas as vitaminas, além de elevadas qualidades terapêuticas para as enfermidades e pestes que grassavam no gueto. Durante todos aqueles anos, a casca de batata foi o nosso remédio.

Perto do cemitério, em Marisin, foi construída uma estação de trem. Não muito distante da estação, na rua Czarnieckego, estabeleceu-se a prisão para onde eram levadas as pessoas que, segundo o Judenrat, cometiam alguma transgressão. A prisão provocava verdadeiro terror na população do gueto. Só de ouvir o nome, as pessoas já ficavam aterrorizadas. Havia também tribunais que julgavam os transgressores, de acordo com os critérios do Judenrat, e os condenados eram enviados à Polícia Secreta ou Polícia Criminal alemã. De lá, eles eram levados para fora do gueto. O que lhes ocorria, hoje sabemos. A estação de trem em Marisin serviu, mais tarde, para a deportação dos judeus que moravam no gueto.

Éramos explorados pelos alemães com trabalho escravo em oficinas e fábricas no gueto. Fazíamos uniformes, sapatos e todo tipo de utilidades. No início, eu trabalhava em uma fábrica de pregos. Depois, por executar bem o meu trabalho, fui transferido para a metalurgia. Passei a ser considerado operário metalúrgico. Aprendi o ofício de ferramenteiro e, durante todo o tempo em que estive no gueto, trabalhei nessa atividade. Nosso trabalho era muito apreciado pelos alemães. Nós, prisioneiros, morrendo de fome, fazíamos tudo com perfeição. Tínhamos que sobreviver àquilo, de qualquer maneira.

Se, no início, a instituição do gueto nos trouxe algum alívio, mais tarde, na miséria, na fome, sujeira e doenças, passamos a acusar o presidente Rumkovski, como se ele tivesse inventado o gueto para nós. Atribuíamos a ele todos os males que nos afligiam. Chaim Rumkovski, por sua vez, fazia ares de salvador, como se fosse o próprio Moisés, que nos livraria das mãos do faraó e nos libertaria do Egito. Grupos de pessoas criavam canções e cantavam nas ruas para tentar obter alguma esmola. Uma delas dizia:

Rumkovski Chaim
nos dá ração de cavalo,
nos dá cevadinha
e também semolina.
Antigamente, no deserto,
os judeus comiam maná [semolina];
hoje, qualquer um come maná.
Rumkovski pensou e repensou,
trabalhou duro, dia e noite,
e fez um gueto com uma dieta
e ainda brada que ele está certo.

Uma outra canção referia-se à comida de cavalo que os alemães forneciam em troca de trabalho. Quando morria um cavalo fora do gueto, os alemães traziam o animal morto para dentro e vendiam-no. A comida era tão escassa, que até carne de cavalo servia de alimento. Para que as pessoas pudessem cantar as suas dores sem ser molestadas, dedicavam a primeira estrofe a Rumkovski, de forma elogiosa. O presidente, vaidoso como era, permitia todo o resto. Podia ser até que cantasse junto, baixinho, sem que ninguém percebesse...

Nosso presidente Chaim
é uma boa pessoa;
ainda vamos comer aqui no gueto
broas com manteiga.
O que podemos fazer com tamanha desgraça,
o que podemos fazer, gente, se temos que comer todos
[os dias;
se o estômago não quer saber de gueto
e grita e se revolta por comida...
Vendi as cadeiras,
os armários e as camas,
e com tudo isso só consegui
uns poucos bolinhos de cavalo...
O que podemos fazer com tamanha desgraça,

o que podemos fazer, gente, se temos que comer todos

[os dias;

se o estômago não quer saber de gueto

e grita e se revolta por comida...

CAPÍTULO 3

Você está em...

A força física declinava; apesar disso, havia no gueto uma intensa atividade cultural. O ensino era proibido, mas não deixava de ser feito em segredo. O ensino era secreto até mesmo para a maioria das pessoas no gueto. Apesar de tudo o que acontecia, existiam núcleos de estudos. Eu pertenci a um deles. Permaneci no núcleo de estudos de 1941 até agosto de 1944, com a liquidação do gueto de Lodz. Apesar da miséria e apesar de nem conseguirmos pensar devido à fome, não paramos de estudar. Nossos professores eram os melhores do mundo. O professor de História Geral e Mitologia Grega era o reitor da Universidade de Atenas. O de Alemão era um professor da Universidade de Heidelberg. O professor de Talmud era da yeshivá de Lublin. Nosso professor de Hebraico era da Universidade Hebraica de Jerusalém. Ele havia chegado à Polônia em visita aos pais e ficara detido, com a eclosão da guerra. O de Matemática era também um catedrático. Não tínhamos cadernos, e o estudo se dava de forma oral. Às vezes, algumas pessoas que trabalhavam nas repartições do Judenrat roubavam cadernos para nós. Os professores, apesar de serem docentes universitários, não se importavam em dar aulas para crianças. Eles queriam ensinar, e nós queríamos aprender. Acho que esse é um bom exemplo para explicar por que somos chamados *Am hasefer*, "*o* povo do livro". Naquelas condições, nós ainda estudávamos. Nenhuma criança do núcleo de estudos sobreviveu à guerra, além de mim.

Antes de cada encontro, cantávamos uma canção que nos fora ensinada pelo professor de Talmud. Era como um hino, um apelo, uma oração que dizia:

Nós, crianças, rogamos-Lhe,
nosso Deus, criador do mundo:
conceda-nos uma vida delicada e pura
e cultive, em nós, a bondade.

Percebo, hoje, quanta grandeza havia nessas palavras e em nossa prece. Vivíamos uma vida precária, arriscada e tolhida. Não tínhamos comida, liberdade, saúde ou casa. Não tínhamos, nem mesmo, as condições mínimas de sobrevivência. No entanto, o que pedíamos a Deus era pureza e bondade. Perdemos todos os bens materiais, mas não perdemos a dignidade.

Nosso professor de História e Mitologia, o reitor da Universidade de Atenas, costumava contar muitas histórias durante as aulas. Havia uma, contudo, que parecia ser especial, porque ele a repetia com freqüência. Os olhos brilhavam e a voz embargava enquanto ele discorria sobre "Os cem homens de Esparta". Se bem me recordo, apesar de tudo o que passei nos anos seguintes e dos tantos anos decorridos, o que poderia ter embotado a minha memória, ele relatava a respeito das vitórias bélicas de Esparta. Esparta era invencível. Combatia contra todos os Estados gregos e sempre se saía vitoriosa. Até que ocorreu uma batalha contra Atenas, que se teria aliado a um outro exército, não sei se de Tróia ou um outro, tornando-se mais forte; e Esparta começou a recuar. O exército de Esparta foi sofrendo baixas, até que chegou ao número de cem soldados. Esses homens decidiram não mais recuar e resistir ao inimigo, bravamente. Ali mesmo foram exterminados. No local da batalha, ergueram uma lápide com uma inscrição que dizia alguma coisa como:

VIAJANTE! CORRE O MUNDO E CONTA QUE AQUI JAZEM OS CEM DE ESPARTA QUE SOUBERAM MORRER NA DEFESA DE SEUS DIREITOS.

Não sei se a história é exatamente assim, mas isso pouco importa, porque é assim que ela se mantém na minha memória.

Noto uma semelhança entre o relato dos cem de Esparta e o nosso sacrifício àquela época. É como se o mestre estivesse intuindo que a nossa própria história serviria de advertência, algum dia, às novas gerações.

Quando os alemães entraram na Polônia, os judeus tiveram que entregar todos os objetos de valor, como jóias, tecidos, peles, ouro, entre outros. No entanto, alguns conseguiram estocar alguma coisa. Os nazistas queriam obter esses estoques escondidos. No gueto havia duas polícias alemãs: a Gestapo e a Kripo, respectivamente, a Polícia Secreta e a Polícia Criminal. As duas polícias extorquiam dos judeus o que eles haviam guardado. Os judeus eram levados para a Gestapo ou para a Kripo e então torturados. As torturas eram de uma crueldade extrema. As pessoas torturadas voltavam completamente transformadas, em todos os sentidos. Eram obrigadas a denunciar alguém que tivesse algum estoque escondido. Apanhavam tanto que denunciavam qualquer um, até quem não tinha nada. As pessoas denunciadas, por sua vez, eram obrigadas, sob tortura, a denunciar outras. Na maioria das vezes, os torturados não possuíam nada. Muitos morriam durante a tortura. Os que conseguiam sobreviver morriam logo, ou ficavam para sempre comprometidos.

Em junho de 1941, Hitler invadiu a Rússia. Começamos a alimentar a esperança de que esse seria o fim da Alemanha. A França já fora, então, derrotada. A Inglaterra ainda resistia. Achamos que a Rússia venceria a guerra contra a Alemanha, como em 1918. Mas não foi o que aconteceu. Os alemães avançavam e venciam batalha após batalha. Apesar disso, ainda depositávamos no exército russo nossas expectativas de libertação.

Na Kripo havia um oficial que falava o iídiche perfeitamente. Isso porque antes da guerra ele era sócio de um judeu de Lodz, e os dois sócios costumavam conversar em iídiche. Esse nazista, vestindo roupas sujas para parecer um morador do gueto, metia-se entre os judeus no bonde que ia até Marisin e perguntava a alguém:

— Como vão as coisas?

— Tudo bem, tudo bem.

— Como assim "tudo bem"?

— Tudo bem, porque os russos já tomaram tal e tal cidade.

— E como você sabe?

— Eu sei o que estou falando.

Após conversas desse tipo, o judeu era levado para a Kripo. Ali, era torturado até que revelasse onde obtivera a informação. Com o tempo, todos já sabiam quem era o homem do bonde e não conversavam mais entre si. O traidor passou a procurar vítimas em outro lugar, infiltrando-se em filas de alimentos para obter alguma informação. Quando conseguia descobrir algo, os informantes eram torturados e, depois, assassinados.

Nesse mesmo ano, 1941, começaram as deportações. Foram construídas máquinas para fabricar a morte. Parecia que o plano dos alemães para provocar a morte natural nos guetos estava trazendo resultado lento, embora as mortes fossem muito numerosas. Resolveram, então, intensificar o processo com a construção de câmaras de gás, que promoviam a morte por asfixia, a custo baixo e com o extermínio de centenas de vítimas em questão de minutos. Os cadáveres, em seguida, eram cremados. A primeira câmara de gás móvel apareceu em Lodz. Foi criado o primeiro campo de extermínio, de nome Chelmno, onde meu avô foi assassinado por gás. Depois da guerra, foi divulgado que mais de trezentos e sessenta mil judeus haviam sido assassinados por asfixia em Chelmno, que ficava distante da cidade cerca de quarenta quilômetros. As câmaras de gás móveis às quais me refiro eram caminhões fechados e camuflados, pintados por fora. As janelas e as cortinas eram simuladas pela pintura e, de longe, pareciam verdadeiras. Eu vi as pessoas sendo levadas ao caminhão, de uma distância que era permitida. O que não ficava visível eram os canos de descarga dos caminhões. Esses canos eram conduzidos para dentro da carroceria fechada, e as pessoas morriam asfixiadas com o monóxido de carbono, que, ao invés de ser expelido, era depositado no interior do caminhão.

No início, as pessoas deportadas eram voluntárias. Cartazes divulgavam que voluntários sairiam para trabalhar nas terras conquistadas da Rússia, atividade que seria remunerada. O salário, diziam eles, reverteria aos familiares no gueto, porque os trabalhadores teriam boas condições de trabalho, saúde e alimentação. Assim sendo, não necessitariam do dinheiro, que serviria de sustento à família. Como nada poderia ser pior que a vida no gueto, foram muitos os voluntários que pensaram em garantir, pelo menos, o sustento da família. As pessoas entravam no caminhão e morriam no percurso de quarenta quilômetros até Chelmno. Podíamos chegar até uma certa distância, e essa permissão também era planejada e tinha a sua função. Às vezes, ocorria que os voluntários eram transportados em caminhões comuns. Chegando a Chelmno, essas pessoas eram forçadas a desembarcar e a escrever uma carta à família comunicando que haviam chegado bem. Escreviam também informando que esperavam retornar logo para reencontrar os familiares. Em seguida, iam para a "fábrica da morte". As cartas, de fato, tinham carimbo de outra cidade, o que estimulava as pessoas, cada vez mais, a se apresentarem como voluntárias. Tudo era muito bem planejado, com uma precisão demoníaca. Nós fomos o tempo todo ludibriados, e isto garantia a paz no gueto e, em conseqüência, o sossego do inimigo. Com o passar do tempo, começamos a ficar desconfiados desta história "armada", e o número de voluntários foi decaindo. Não sabíamos o que acontecia, mas desconfiávamos que alguma coisa estava errada. Certa vez, ocorreu um fato que nos deixou intrigados. Os alemães diziam que os voluntários eram levados à Ucrânia, que ficava muito distante de Lodz. Alguém percebeu que um caminhão que saíra levando os voluntários à Ucrânia retornou vazio no mesmo dia para transportar um outro grupo. Era o mesmo caminhão, e não teria dado tempo de ir para muito longe. Nós nos acostumáramos a ler os sinais, e este era um sinal claro de que estávamos sendo enganados. Sem voluntários, as deportações começaram a ser indicadas e forçadas. Os primeiros a serem indicados foram os familiares dos voluntários deportados. Isso porque eles recebiam, de fato, seis marcos por mês para atestar a veracidade da mentira inventada para obter os voluntários e representavam um ônus para os alemães. Em seguida, começaram a ser deportados os judeus incapazes para o trabalho no gueto. Nesse caso, fomos enganados mais uma vez, com uma "armação" diabólica. Em 1942, o gueto foi declarado campo de trabalho, denominado "Wohngebiet der Juden", o que significa Habitação dos Judeus. Na condição de campo de trabalho, precisavam de gente sadia, com potencial para trabalhar. Assim, a grande mentira era que as crianças, os velhos e os doentes seriam transferidos para hospitais e asilos. Não poderiam mais permanecer no gueto. E foram deportados.

Havia um método para as indicações, como um ritual macabro. Era a chamada *selekcja* (lê-se selecsia). Começava com a *sperre*, o toque de recolher, quando as pessoas deviam ficar dentro de casa. Ninguém ia ao trabalho. Os alemães escolhiam uma rua e davam o sinal com um tiro. Ao som do tiro, as pessoas deviam sair de casa e se dirigir à rua, onde eram selecionadas. Selecionavam quem ficaria no gueto e quem, segundo eles, sairia para trabalhar. Separavam as famílias, deixando os pais sem os filhos, os filhos sem os pais. As mães pediam para ir com os filhos. Às vezes, deixavam; mas, na maior parte das vezes, a mãe era espancada ou morta ali mesmo. *Selekcja.*

Os alemães estabeleciam o número de pessoas que deveriam ser deportadas e comunicavam a Rumkovski. Ele sempre tentava conseguir que reduzissem a quantidade solicitada. Por essa época, Rumkovski reunia as pessoas em grandes concentrações e apelava para que todos colaborassem. Rogava às famílias que entregassem voluntariamente os filhos, os quais receberiam tratamento lá fora, bem como as pessoas mais velhas. Dentro do gueto, dizia ele, as condições também seriam melhores. Algumas famílias ainda acreditavam ou tentavam acreditar nessa possibilidade e deixavam ir os filhos. Muitas delas, contudo, ao verem os filhos sendo levados, desistiam e tentavam voltar atrás. Ouvíamos os gritos a distância. Gritos e pancadaria. Muitas vezes, ouvíamos também tiros.

Após cada deportação, os alemães diziam que aquela teria sido a última. Mas, logo em seguida, acontecia outra. As deportações prosseguiam, ninguém sabia para onde. Nós, que permanecíamos no gueto, defendíamos a nossa sanidade mental tentando não acreditar no pior. Nós nos enganávamos para sofrer menos. Enganávamos uns aos outros. Sobreviver tornou-se uma obsessão. Investíamos todas as nossas forças numa só direção: sobreviver, sobreviver, obter mais um pedaço de pão, um pouco de sopa, um dia a mais, conseguir acordar no dia seguinte. Evitávamos fazer conjecturas quanto àquilo que temíamos. Eventualmente, alguém perguntava:

— Por que as pessoas que saíram do gueto não dão mais notícias?

Os outros respondiam:

— Você sabe como são os alemães. Eles não deixariam ninguém escrever.

Assim, nós nos defendíamos, evitando pensar a respeito dos medos que insistiam em forçar caminho até nossos pensamentos. E nós os empurrávamos para dentro, bem para o fundo, fingindo que eles não existiam.

Ninguém mais queria sair do gueto; nem como voluntário nem, muito menos, por indicação. Participar da *selekcja* era uma verdadeira tortura. Começamos, então, a fazer esconderijos. Assim, escondidos, não íamos à rua quando o sinal era dado através de um tiro. Qualquer espaço servia de esconderijo: quartos, armários ou gavetas. Se os alemães, após o sinal, vasculhassem os prédios e encontrassem pessoas escondidas, era a morte certa, conforme nos foi comunicado. Aqueles que não dispunham de um espaço que servisse de esconderijo tinham que ir às ruas para a *selekcja*. Cerca de cinco mil pessoas eram indicadas, por dia, para serem enviadas a Chelmno e, lá, exterminadas. Esse número fazia parte do plano de extermínio, porque consistia na capacidade diária da "fábrica da morte"; e a nós diziam que essas pessoas eram enviadas para o trabalho externo ou para asilos e hospitais, dependendo do caso. Antes de irem à rua, havia pessoas que escondiam os filhos em gavetas e armários. Esperavam escapar à seleção e retornar às casas. Ocorria, muitas vezes, que essas pessoas eram indicadas para a deportação, e as crianças acabavam morrendo de fome ou por falta de ar nos esconderijos. Isso porque ninguém sabia que estavam lá, para salvá-las. Eram encontradas tarde demais, devido ao mau cheiro decorrente da decomposição dos corpos.

Nascimentos não eram permitidos no gueto. Se ocorresse gravidez a uma mulher, esta deveria se apresentar para deportação. Se não se apresentasse espontaneamente, deveria ser denunciada pelos demais, caso contrário todos seriam considerados cúmplices por omissão e correriam risco de vida. No prédio onde eu morava, havia um casal cuja mulher engravidou. Ela não se apresentou nem foi denunciada, e deu à luz uma menina.

Em um apartamento no andar logo abaixo do nosso, meu pai e mais alguns vizinhos, em absoluto segredo, fizeram um esconderijo em um dos quartos; a porta de entrada do quarto ficava na sala e foi camuflada por um armário. Uma menina pequena de nome Ítala espiava na portaria para ver se os alemães estavam chegando, enquanto nós permanecíamos no esconderijo. A rua onde morávamos não era muito longa, a rua Gesia; da porta do prédio, era possível verificar se passavam alemães de uma esquina a outra das duas ruas transversais, a Zurawia e a Lagiewnicka. Quando passava algum alemão, ela corria para nos avisar; ficávamos todos em silêncio, absolutamente rigoroso. Se nos pegassem escondidos, estaríamos perdidos. No quarto camuflado e preparado para o esconderijo, ficávamos reunidas cerca de treze a quinze pessoas, inclusive o casal com o bebê que, nessa ocasião, contava três ou quatro meses. Cada vez que Ítala chegava avisando que os alemães estavam vindo, o bebê começava a chorar. Podia ser que já chorasse antes e ninguém se desse conta, ou, então, que começava a chorar devido ao nosso silêncio tumular. A mãe oferecia o peito seco, e o bebê se acalmava. Isso aconteceu várias vezes, até que Ítala veio correndo avisar que desta vez os alemães estavam chegando bem armados e com caminhões. Ficamos mudos e parados para não produzir qualquer ruído. Estávamos aterrorizados. O bebê, no entanto, recomeçou a chorar. A mãe ofereceu o peito, mas de nada adiantou. Lembro-me de que meu pai botou o dedo na boquinha da criança, simulando uma chupeta, mas também não adiantou. Para abafar o som do choro, começaram a cobrir o bebê com travesseiros e cobertores de pena de ganso. Os pais reconheciam a sua responsabilidade em relação a todos os que ali estavam. A mãe sussurrava para a criança, pedindo-lhe para ficar quietinha, até que, por fim, a criança parou de chorar. Ouvimos o tiro de alerta e as pessoas dirigindo-se para a rua. Começaram a fazer a seleção separando as famílias. Arrancavam os filhos às mães. Ouvimos gritos terríveis e tiros. Depois, os soldados foram embora. Não sei quanto tempo durou o nosso silêncio. Para nós, cada segundo era como a eternidade. Começamos a nos acalmar e a retirar os cobertores que cobriam o bebê. A criança estava morta. Meu pai fez respiração boca-a-boca, mas já era tarde. Naquela noite, os pais, com o bebê no colo, entregaram-se aos alemães para deportação. Não fomos descobertos ou fuzilados, mas perdemos três pessoas. Jamais esquecerei essa tragédia. Enquanto eu viver, enquanto eu puder pensar, guardarei esses fatos na minha memória. Eu tinha apenas treze anos. Aquele dia era Iom Kipur do ano de

1942. Os nossos sábados e feriados religiosos eram datas especialmente eleitas pelo inimigo para desferir os maiores golpes contra nós.

No início, os esconderijos davam certo, porque os alemães entravam nas casas e não arrastavam a mobília. Com o tempo, eles começaram a revistar os cômodos, afastando os móveis; se houvesse alguém escondido, era assassinado ali mesmo. O inferno ficou muito mais insuportável.

As pessoas muito magras podiam ir ao médico. Dependendo do caso, ganhavam-se duzentos gramas a mais de pão. Essa era a medicação. Não havia remédios no gueto. O doente recebia duzentos gramas adicionais de pão e mais duzentos na semana seguinte. Na verdade, era arriscado ir ao médico, porque o Judenrat registrava o fato, e a pessoa podia ser indicada para a deportação seguinte, por estar doente. Minha mãe estava muito magra. Mesmo correndo risco, ela foi ao médico e ganhou uma receita que lhe permitiu obter o pão e um pedaço de margarina. Na semana seguinte, ganhou outro pão e outro tanto de margarina, e a receita ficou retida. Minha mãe não comeu esse pão; fui eu que comi. Essa foi a maneira que ela arrumou para conseguir um pouco mais de pão para mim. Talvez eu tenha sobrevivido por causa disso. Não só pela cota adicional de pão, mas também pela quantidade infinita de amor que recebi de minha mãe. Aquela que deveria ser só a minha madrasta tornou-se a minha mãe de fato, em substituição à mãe biológica que me foi tirada tão cedo.

CAPÍTULO 4

Você está em Auschwitz.

Tentávamos nos ocupar com atividades que eram comuns fora do gueto, como, por exemplo, a atividade política, para sentirmos o gosto da normalidade dentro daquele esquema monstruoso. Assim, estaríamos exercitando a memória, o pensamento, o debate, e seríamos, um pouco, humanos. Apesar das severas proibições e advertências quanto a reuniões ou discussões de cunho político, havia uma intensa vida política clandestina pulsando nas entranhas do gueto. Eu pertencia ao Partido Comunista. Na verdade, fui aliciado. O Partido Comunista Polonês havia sido dissolvido antes da guerra, mas no gueto era uma ideologia forte. Eu alimentava o sonho de que seríamos libertados pelo exército russo e apoiava o partido vermelho. Havia também o Partido Socialista Judaico (o Bund) e o Partido Sionista — cada um deles se mantendo na clandestinidade, apesar de todos os riscos. O Partido Comunista exigia dedicação exclusiva. Tínhamos que abandonar a família e reverter toda a nossa energia para o trabalho comunitário. Eu era muito ligado à família e jamais deixaria de me dedicar a meus pais. Isso trazia algum problema para mim entre os companheiros. Ocorreu um outro fato que, somado a esse, determinou a minha expulsão do grupo. Não me arrependo do que fiz, nem em um caso nem no outro. Aconteceu que eu estava passando por uma rua do gueto e vi uma casa vazia. A porta estava aberta. Entrei e achei um par de sapatos. Ninguém mais morava naquela casa, e o par de sapatos havia sido deixado lá. Meus sapatos estavam rasgados, e eu os troquei pelos que havia achado. As pessoas do partido acusaram-me de ter negligenciado o espírito coletivo, pensando só em mim. E fui expulso.

Apesar das numerosas mortes e deportações, a população em Lodz permanecia sempre superior à sua capacidade. Os alemães mandavam para a Polônia judeus de toda a Europa. Em 1943, ainda chegavam a Lodz judeus da Alemanha, Holanda, Grécia e outros países ocupados pelos alemães. Os judeus chegavam ao gueto de Lodz, permaneciam por algum tempo e eram deportados. Os que vinham de outras localidades eram deportados antes. Os moradores originais do gueto de Lodz completavam a cota diária de deportações. No gueto, ninguém conhecia o destino das deportações. Nada sabíamos a respeito de Auschwitz e de outros campos de extermínio. O fato é que nada sabíamos sobre o que estava acontecendo do outro lado da cerca de arame farpado em volta do gueto.

Corria o ano de 1944. Um dia, começamos a ouvir tiros de canhão. O exército russo estava se aproximando. Sabíamos que seríamos libertados pelos russos. Chegamos até a confeccionar braçadeiras vermelhas para usarmos por ocasião da entrada triunfante do exército russo na Polônia. Era um tipo de militância fantasiosa, com o objetivo de nos sentirmos, de alguma forma, humanizados. Os alemães começaram a ficar preocupados, e isso piorava ainda mais a nossa situação.

Os russos estavam avançando, mas suspenderam o

ataque a Varsóvia por questões políticas. Os poloneses fizeram um levante para reinstaurar o antigo governo polonês; e, por essa razão, os russos interromperam temporariamente o avanço, com a intenção de esperar até que os alemães sufocassem o levante. Se o exército vermelho não tivesse parado nessa ocasião, certamente um milhão de pessoas teriam sido salvas. Isso porque, devido ao atraso, os alemães tiveram tempo de liquidar muitos guetos na Europa ocupada, inclusive o gueto de Lodz, na Polônia. O gueto de Lodz foi o primeiro a ser criado e o último a ser liquidado. Devido à trégua dos russos, houve tempo também para Eichmann transferir os judeus da Hungria para Auschwitz, para o extermínio. Os russos não se importavam com as vidas humanas. Consideravam apenas os interesses políticos. Ninguém pensou em nós, judeus. Todos os países se omitiram, à exceção da Dinamarca. O silêncio do mundo indicava a aprovação ao plano de Hitler.

A essa altura da guerra, quase não existiam mais judeus na Polônia. Nossa família, constituída de meu pai, minha mãe, uma tia, a avó materna e eu, permanecia junta. Desde a instalação do gueto de Lodz até a sua dissolução, habitamos lá. Foram quatro longos anos de agonia. Mas o pior ainda estava por vir. O pior, o inferno em vida, ainda não havia começado.

Em agosto de 1944, época da liquidação do gueto de Lodz, restavam ali setenta mil judeus. Essas pessoas eram de Lodz, de outras cidades e de outros países. Das cento e sessenta mil pessoas que foram encerradas no gueto de Lodz em 1940, restavam apenas mil e quinhentas; todas as outras vieram de fora.

Os alemães comunicaram que acabariam com o gueto e que seríamos levados para a Alemanha, onde trabalharíamos com as máquinas, como antes. As máquinas do gueto que eram usadas por nós foram, de fato, preparadas para o transporte. Eles pediram voluntários para saírem do gueto, oferecendo um quilo de pão e dez marcos alemães. Para nós, o oferecimento consistia em grande riqueza, porque, além de estarmos famintos desde o início da guerra, o dinheiro em circulação no interior do gueto não valia nada lá fora.

Biebow, o cunhado de Himmler, era o responsável pela permanência do gueto de Lodz até aquela data; isso porque, com medo de ser enviado à frente russa e morrer, encarregou-se de administrar o gueto sob o pretexto de demonstrar que o nosso trabalho era útil aos alemães. Assim, ele se preservava e fazia bons negócios. Por ocasião da liquidação do gueto, quando os alemães estimulavam a saída voluntária, até mesmo esse Biebow dizia que seria bom para nós e deu a sua palavra de que iríamos para uma situação melhor. Apesar disso, ninguém queria sair. Tínhamos medo dos alemães e ouvíamos tiros de canhão por perto. Achávamos também que logo seríamos libertados. E, bem ou mal, morávamos sob um teto. Não havia carvão nem calefação; as paredes, no inverno, ficavam cobertas de gelo, mas podíamos nos cobrir, nos proteger do relento. Além de tudo isso, estávamos juntos. Não sabíamos que as pessoas deportadas haviam sido exterminadas, mas imaginávamos que talvez nem tivessem cobertores. Continuávamos nos escondendo, mesmo com as ameaças de fuzilamento, se fôssemos encontrados. Os alemães faziam razias, isto é, entravam nas casas e arrastavam as pessoas para fora do gueto, espancando-as. Em seguida, elas eram levadas para a estação de trem do gueto e jogadas dentro dos vagões de carga. Eram deportadas para o extermínio, mas os alemães continuavam mentindo, dizendo que iam para a Alemanha trabalhar. A cota diária de deportações era de cinco mil pessoas. Quando os alemães completavam a cota, interrompiam a razia até o dia seguinte, e começava tudo de novo. Até o dia seguinte, podíamos andar pelo gueto.

Um dia, após a razia, eu saí à rua. Soube, então, que estavam distribuindo sopa em um local que ficava a certa distância da minha casa. Peguei uma tigela e, sem avisar nada a ninguém, fui tentar conseguir sopa e trazer para casa. Fui e entrei na fila. Só que, ao que parece, a cota diária de deportações ainda não estava completa, e os alemães e a polícia judaica cercaram o lugar onde eu estava. Começamos a correr. Fui agarrado por um policial. Meu amigo Woda também foi pego. Chegou um alemão e mandou que atravessássemos a rua Piepszowa. Em vez de atravessarmos a rua, que em alemão tinha o nome de Pfefergasse, entramos em um prédio. Encontramos as portas dos apartamentos abertas. Pensei em enrolar um pano na cabeça, deitar e me fingir de doente. Depois, desisti da idéia. Foi a minha sorte, porque estar doente era motivo de sobra para justificar a deportação. Procurei um lugar para me esconder. Entrei em um móvel usado para guardar carvão. Woda me ajudou, colocando a tampa por cima, e, sobre a tampa, pôs algumas coisas para despistar.

Depois, ele também se escondeu. Ouvi quando os alemães subiram as escadas e disseram:

— Não tem ninguém aqui. Está tudo aberto. Vamos embora.

Assim nos salvamos. Pensei que, dessa vez, eu não iria escapar. Foi por muito pouco. Eu tinha apenas dezesseis anos e já ia para a morte, brutalmente, como tantos outros da minha idade, mais novos e mais velhos que eu.

Corria o ano de 1944. Nossa família permanecia escondida. Nessa época, estávamos morando em uma outra casa, na rua Brzezinska. O local que ocupávamos antes já havia sido destruído. Meu pai planejou um novo esconderijo; era uma passagem pela clarabóia, e ali ficávamos. Quanto tempo mais poderíamos resistir, não sabíamos. A comida havia acabado. Ainda que a libertação chegasse em uma semana, não era mais possível esperar. Morreríamos de fome. À volta, no gueto, tudo estava desolado, destruído. Os alemães iam eliminando partes do gueto. Ninguém podia sair do esconderijo, por causa das patrulhas da SS. Chegamos a um ponto-limite: se saíssemos do esconderijo, seríamos fuzilados, e se ficássemos, morreríamos de fome. Não havia outra alternativa a não ser nos entregarmos. E foi assim que nos entregamos aos alemães e fomos deportados.

Disseram-nos que podíamos levar alguma bagagem para a viagem. Do pouco que ainda tínhamos, carregamos o que foi possível, sem saber para onde ou por quanto tempo. Fomos conduzidos à estação de trem em Marisin. Lá, cada um recebeu um quilo de pão e dez marcos alemães, conforme o prometido. Entramos nos vagões do trem de carga. Minha mãe sugeriu que deixássemos um pouco de pão para mais tarde. Comemos quatro quilos e guardamos o restante para quando chegássemos ao destino. Ela achou que poderia demorar para recebermos mais comida, por causa da burocracia alemã. E estava certa. Demorou muito tempo para que chegasse mais comida, mas aquele pão que deixamos para comer depois não comemos mais. Aprendemos uma lição: na guerra, não se deixa nada para depois.

Meu pai pediu à minha mãe que, se fôssemos separados, ela não ficasse junto à minha avó e à minha tia, pois ambas estavam muito magras. Sabíamos que pessoas assim eram eliminadas, e meu pai teve medo que levassem também a minha mãe. De nada adiantou o apelo. Ela e minha tia disseram que acompanhariam minha avó para onde quer que fosse levada. Minha mãe também estava muito magra.

No trem havia um rapaz, mais ou menos da minha idade, que estava com muita sede. Era agosto, o tempo ainda estava quente, e não havia nada para beber. O rapaz chorava de tanta sede. Não havia nada que se comparasse àquele choro. Eu nunca havia visto um choro igual. Era muita, muita dor. Até que um homem, provavelmente o pai do rapaz, retirou do bolso um relógio de ouro, um bem que conservara por milagre, pois, à entrada dos alemães na Polônia, todos o objetos de valor haviam sido confiscados. Ele chamou um soldado da SS pela fresta do vagão e ofereceu o relógio em troca de um copo de água. O soldado assentiu com a cabeça, levou o relógio e não trouxe a água. Pouco tempo depois, o rapaz parou de chorar. Fiquei sem saber se ele perdera as forças ou se morrera. Até hoje, quando conto esse episódio, sinto sede. Meu corpo é solidário à minha memória.

No caminho, olhando por uma fresta do vagão, vi lavradores trabalhando a terra. Entre eles, havia uma mulher gorda que cruzou os dedos fazendo o sinal-da-cruz para nós depois de se benzer. Imaginei que estivesse rezando por nós. Mais tarde, ocorreu-me que ela estava fazendo o sinal-da-cruz porque sabia que estávamos indo em direção à morte. Se ela sabia, todos sabiam. Todos sabiam do extermínio dos judeus. Sabiam e nada fizeram. O mundo silenciou e se omitiu.

Viajamos por um longo tempo. Não sei dizer quanto. Pensávamos que estávamos indo à Alemanha para trabalho especializado, como no gueto. Já era madrugada quando chegamos ao destino. E não era a Alemanha. O trem entrou em um desvio e parou. Olhei pela fresta. O céu estava vermelho. Vi construções com chaminés que expeliam fuligem; era um complexo que indicava a presença de um alto-forno. Eu sabia disso porque havia aprendido o ofício de metalúrgico no gueto e, após quatro anos, já tinha prática no assunto. Achei que estava diante de um lugar que continha um alto-forno metalúrgico. Bem, isso fazia algum sentido, porque os alemães haviam dito que iríamos trabalhar. À frente, via-se um portão com um letreiro no alto com os dizeres: ARBEIT MACHT FREI, que significa "O Trabalho Liberta". Não acreditamos que seríamos libertados pelo trabalho, mas acreditamos que iríamos trabalhar.

E, enquanto pudéssemos trabalhar, viveríamos. Ao ver a paisagem pela fresta, disse a meu pai:

— Acho que desta vez não fomos enganados. Olhe como é bonito aqui. Tem até um forno metalúrgico adiante! Se você disser que é operário metalúrgico como eu, poderemos ficar juntos.

Eu ainda não sabia o que isso significava, mas nós estávamos em Auschwitz.

CAPÍTULO 5

Você está em Auschwitz. Daqui...

O trem parou na rampa do campo de Auschwitz. Fomos empurrados para fora dos vagões aos gritos e tivemos que deixar no trem a bagagem que trouxéramos, inclusive aquele pão que havíamos guardado para alguma emergência, e também os dez marcos. Eles gritavam:

— Fora, para fora!

E completavam:

— Deixem tudo! *Alles liegen lassen!*

Além dos gritos para sairmos dos vagões, levávamos pancadas de todos os lados. Fôramos enganados mais uma vez. O que eu tinha pensado tratar-se de forno metalúrgico, na verdade eram os fornos do crematório. Aquilo funcionava dia e noite queimando pessoas asfixiadas nas câmaras de gás. *Arbeit macht frei* era mais uma mentira criada para evitar qualquer forma de reação ou resistência por parte das vítimas e para garantir o bom andamento do plano deles. As pessoas eram enganadas até o fim. Morriam esperando pelo banho prometido.

A recepção dos comboios em Auschwitz ocorria de acordo com o estado de humor dos alemães. Havia casos em que o transporte era recebido com música suave. Na nossa recepção, não houve música.

No portão com o letreiro, fomos recebidos por pessoas limpas, fortes e bem alimentadas, que usavam uniforme de tecido listado e batiam com cassetetes. Essas pessoas, chamadas de *Kanada*, tinham a função de receber os deportados no campo e faziam parte do Sonderkommando, o comando especial responsável pelas câmaras de gás e pelos fornos crematórios. Os *Kanada* e os do Sonderkommando eram judeus selecionados para essas funções. Eram castrados e tinham uma sobrevida de seis a oito meses na função, após o que eram exterminados e substituídos por outros infelizes que, por sua vez, seriam também castrados e teriam um tempo de vida restrito a seis ou oito meses, e assim por diante.

Jacob, Syma e Heniek. 1928.

esquerda:
HENIEK. ROUPA BRANCA. 1933.

direita:
HENIEK. ROUPA BRANCA. 1928.

abaixo:
JACOB E BALCIA. 1939.

Estrela amarela de identificação dos judeus.

CANÇÕES, COMPOSTAS NO GUETO, IRONIZANDO A FOME.

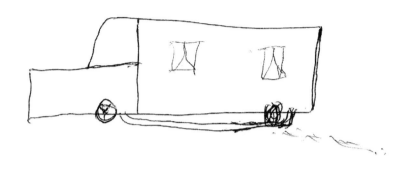

CÂMARA DE GÁS MÓVEL EM CHELMNO. *Desenho de Heniek.*

DINHEIRO DO GUETO.

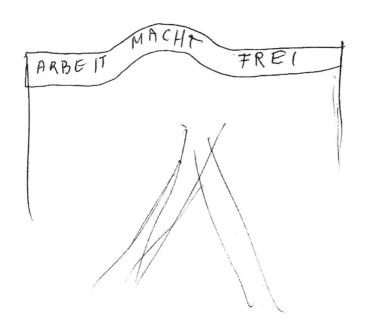

O portão de Auschwitz. *Desenho de Heniek.*

Bundesrepublik Deutschland:

Wieviel ist ein Mensch wert?
Heinrich Himmler wußte es!

D 63   Fernschreiben Himmlers an die Lagerkommandanten in Dachau und Flossenbürg, 1945

14. April 1945

An die Lagerkommandanten
von Dachau und Flossenbürg

Die Übergabe kommt nicht in Frage. Das Lager ist sofort zu evakuieren.
Kein Häftling darf lebendig in die Hände des Feindes fallen.

Heinrich Himmler

Z 32   Rentabilitätsberechnung der SS über Ausnützung
der Häftlinge in den Konzentrationslagern

Rentabilitätsberechnung

Täglicher Verleihlohn durchschnittlich RM 6,—
abzüglich Ernährung   RM —,60
durchschnittl. Lebensdauer 9 Mt. = 270 x RM 5,30 = RM 1431,—
abzüglich Bekl. Amort. RM —,10

Erlös aus rationeller Verwertung der Leiche:

1. Zahngold   3. Wertsachen

2. Kleidung   4. Geld

abzüglich Verbrennungskosten   RM 2,—

durchschnittlicher Nettogewinn   RM 200,—

Gesamtgewinn nach 9 Monaten   RM 1631,—

zuzüglich Erlös aus Knochen und Aschenverwertung.

Die Massenmedien haben darüber berichtet: Am 24. Juni 1987 führte der Innenausschuß des Deutschen Bundestages ein Hearing durch, zu dem auch Sachverständige, Vertreter von Organisationen der NS-Verfolgten sowie Mitarbeiter der Entschädigungsbehörden geladen waren.

Die Hearing-Ergebnisse liegen zwar noch nicht vor, jedoch darf schon jetzt gesagt werden, daß dadurch insbesondere den Vertretern der Opfer des NS-Regimes erneut Gelegenheit geboten wurde, Art und Umfang der bestialischen Verfolgungsmaßnahmen zu verdeutlichen. Ihrer Stellungnahme fügten die jüdischen Vertreter (Claims

Conference) ein erschütterndes Dokument bei (s. o.) und erklärten hierzu u. a. folgendes:

"Soweit Juden ... von KZ-Haft und Zwangsarbeit unter NS-Verfolgung betroffen waren, ging es um Vernichtungsaktionen im Zuge der 1942 auf der Wannsee-Konferenz beschlossenen 'Endlösung'.

Es gibt keinen vergleichbaren Grundtatbestand; er ist sui generis unter dem Aspekt barbarischer Brutalität und unfaßbarer Unmenschlichkeit. Das Himmler-Fernschreiben an die Lagerkommandanten in Dachau und Flossenbürg vom 14. April 1945 belegt es. ...

O TELEGRAMA DE HIMMLER.

Cartão de identificação.

A CAMINHO DA LIBERDADE.

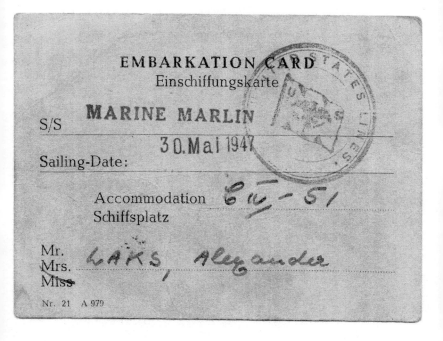

POBRANO:

Opłata Kons. (poz. 48 T.O.K.) $ .2.00.

Za książeczkę paszportową $ .4.00.

Opłata kancelaryjna $ .1.00.

Za podanie (poz. 52 T.O.K.) $ ....

Za akt nadania obyw.

pobrano $ ....

Razem $ 10.00

Ser. V. 066301 ✶ Nr akt 184/48/44/513

RZECZPOSPOLITA POLSKA
M. S. Z.
REPUBLIQUE POLONAISE
M. d. A. E.

PASZPORT - PASSEPORT

Obywatel polski | LAKS
Citoyen polonais |
ALEKSANDER, HENRYK

zamieszkały w | BRONX, N.Y.
domicilié à |

i .... dzieci
et des .... enfants

Paszport ten zawiera 40 stronic.
Ce passeport contient 40 pages.

Passaporte polonês emitido em Nova York. 1948.

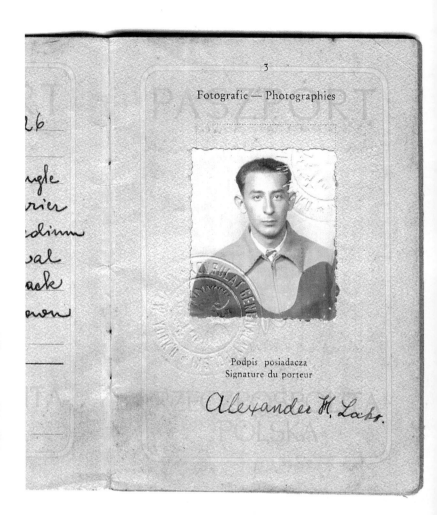

Passaporte.

Heniek feliz no Brasil. 1950.

Heniek. 1996.

Auschwitz era um dos campos destinados a executar a "solução final". Em 20 de janeiro de 1942, Heydrich deu início ao plano da "solução final", por ordem de Goering. A palavra morte foi substituída, em todas as suas derivações, por "solução final", que implicava "transporte", "deportação" e "tratamento especial": o extermínio em massa nas câmaras de gás e posterior incineração dos corpos nos fornos crematórios. Tais termos eram utilizados com o objetivo de atribuir ao genocídio um caráter impessoal. Esse plano diabólico foi forjado em uma *villa* em Wannsee, perto de Berlim, na Wannsee-Konference, na qual estavam representadas todas as repartições da Alemanha. Heydrich pensou que haveria resistência por parte de algumas repartições. Afinal, o plano tratava de extermínio em massa, e alguma resistência seria até natural. Ocorre, contudo, que nenhuma repartição se opôs ou levantou qualquer questão em relação ao plano de extermínio. Ao contrário, o que houve foi solicitação de prioridade, como o Governador Frank, da Polônia, que se manifestou disposto a ser o primeiro. Isso ocorreu em 1942, quando não havia mais judeus na Estônia; na Letônia, a grande maioria já havia sido exterminada pelos alemães ou pela população local. O encontro da Wannsee-Konference condenou à morte quatorze milhões de judeus, incluindo os judeus da Suíça, Suécia, Inglaterra, Espanha, entre outros países que nem eram ocupados pelos nazistas.

Auschwitz não é o inferno. Auschwitz é pior que o inferno. Para mim, Auschwitz consiste em um marco divisório na história da humanidade: antes e depois de Auschwitz. O que vimos lá em uma só noite não veríamos em cem anos em outro lugar. Às vezes, pergunto-me como consegui sobreviver àquilo tudo. Cada um de nós só pensava em sobreviver. Não sei explicar o motivo, mas ainda queríamos sobreviver.

Até o início de 1944, os prisioneiros que chegavam a Auschwitz eram imediatamente conduzidos à câmara de gás. A partir dessa época, começaram a fazer seleção entre os prisioneiros, porque faltava mão-de-obra nas empresas alemãs. Ainda assim, dois terços de cada "transporte" eram encaminhados à câmara de gás. Após a seleção, escolhiam os que seriam vendidos às firmas como força de trabalho escravo.

Quando chegamos ao campo, após deixarmos o trem sob gritos e pancadas, as mulheres foram para um lado e os homens para outro. Meu pai segurava a minha mão com firmeza, para não me perder. Havia muito pânico. Minha mãe, tia e avó foram para outro lado. Não nos despedimos. Vi quando minha mãe acenou, de longe. Essa foi a última vez que a vi. Nunca mais tive notícias dela. Minha mãe, com certeza, morreu em Auschwitz.

Ouvimos gritos solicitando que médicos, dentistas e barbeiros se apresentassem, formando um terceiro grupo, entre os homens e as mulheres. Não sabíamos o motivo. Como sempre, só após algum tempo viemos a entender a intenção do plano diabólico. Meu pai e eu entramos em uma fila. Um dos *Kanada* se acercou de mim e disse:

— Fala dezoito!

Eu não entendi o que ele queria. Também não entendi quando ele arrancou os óculos dos prisioneiros, jogando-os ao chão e quebrando-os com o pé. Tudo parecia louco demais. Quando vi aquele homem quebrando os óculos das pessoas, não podia compreender o porquê. Hoje sei que ele o fazia por compaixão. Aquele pobre homem, mutilado e condenado à morte, tentava salvar algumas vidas, isto é, tentava, pelo menos, adiar algumas execuções. Ele quebrava os óculos porque aquela era a fila de seleção. Os alemães tinham a crença de que o uso de óculos indicava intelectualidade ou, na pior das hipóteses, um defeito físico, e todo aquele que portasse óculos deveria ser executado, por um ou outro motivo.

Se alguém se atrevesse a perguntar alguma coisa, recebia como resposta:

— Cale a boca! Você está em Auschwitz!

Sim, sabíamos que estávamos em Auschwitz, mas... O que isso representava? O que é Auschwitz? E o complemento da frase vinha logo a seguir:

— Aqui só existe uma saída: pela chaminé.

A saída era pela chaminé do crematório. E nós éramos prisioneiros nesse inferno.

Chegou a nossa vez diante do carrasco, um oficial que fazia a seleção. Vim a saber, mais tarde, que se tratava de Mengele, o "Anjo da Morte" de Auschwitz. Com um sinal de dedo, ele indicava a cada um a direção que devia tomar: para a esquerda ou para a direita. Um lado conduziria à câmara de gás; o outro, ao trabalho. Era proibido encarar um alemão de frente. Tínhamos que olhar e, em seguida, baixar os olhos. Quando parei diante do carrasco, fiz com os olhos exatamente como devia ser feito. Ele perguntou:

— Você entende alemão?

— Sim. *Jawohl.*

— Quantos anos tem?

Lembrei-me do que me dissera o *Kanada* quando eu saía do trem e que, agora, fazia sentido:

— Dezoito.

O carrasco me olhou e fez um gesto indicando a mesma direção de meu pai. Mengele me condenou a viver. Meu pai perguntou a um soldado da SS onde estavam as mulheres. O soldado respondeu, em tom amigável:

— Amanhã você poderá vê-las.

Esta era mais uma mentira. As mulheres também passaram por uma seleção como a nossa. A maioria era sempre selecionada para a morte na câmara de gás. Minha mãe e minha avó estavam muito magras. Com certeza, foram selecionadas para a morte.

Quando as pessoas estavam fracas demais e não podiam andar com as próprias pernas até a câmara de gás, eram exterminadas com injeção de formol na veia. Por esse motivo haviam solicitado os médicos, logo à entrada do campo: para aplicar injeção de formol nas pessoas já extenuadas. E elas caíam mortas. Os dentistas foram separados para executar o trabalho de arrancar os dentes de ouro dos cadáveres dos mortos na câmara de gás, antes de serem incinerados no crematório. Os barbeiros deviam cortar os cabelos dos cadáveres. Os cabelos eram enviados à Alemanha e serviam para fazer colchões ou outras utilidades.

Após a seleção, fomos conduzidos a uma sala grande, com paredes forradas de azulejos brancos. Ordenaram que tirássemos toda a roupa. A roupa deveria ser colocada em lugares próprios para paletós, calças, sapatos e demais peças. Passamos então a uma outra sala, também de azulejos brancos, onde um oficial observava todos, avaliando quem poderia servir para o trabalho escravo. Procuravam qualquer mancha na pele, um hematoma ou sinal. Temiam as epidemias, principalmente o tifo. Um dos prisioneiros, meu amigo do gueto de Lodz, de nome Silva, não foi aprovado na seleção. Levaram-no para fora. Ele fez menção de pegar uma peça qualquer de roupa para se cobrir, mas foi impedido. Disseram-lhe que não precisaria mais daquilo. Foi levado para fora, e nunca mais o vimos ou soubemos dele. Desapareceu.

De repente, os barbeiros entraram na sala, chegando por todos os lados. Os alemães ordenaram que sentássemos nos bancos que estavam dispostos ao redor da sala e, depois, tivemos os pêlos do corpo inteiro rapados. Raparam até as sobrancelhas. E as navalhas estavam cegas. Todos ficamos com um aspecto monstruoso. Um homem, que não reconheci, aproximou-se de mim e disse:

— Você não está me reconhecendo? Sou eu, seu pai.

Quando vi meu pai naquele estado, imaginei como deveria estar a minha aparência. Aquela foi a primeira vez que vi meu pai chorar.

Na saída da sala, vimos dois homens segurando estopas. Próximo a eles havia um balde contendo um líquido que disseram tratar-se de desinfetante. Eles começaram a passar a estopa com o líquido em cada um de nós, procurando acertar, intencionalmente, o órgão genital. Aquele líquido, o que quer que fosse, queimava a pele. Queimava como ferro quente. Queimava e ardia, parecendo que a pele ia se soltar. Ainda me lembro da sensação da queimadura que senti. Eu pularia dentro do mar para me livrar daquilo. Em seguida, fomos conduzidos adiante e nos deparamos com um outro homem que jogava água com mangueira enquanto as pessoas passavam diante dele. Era muito rápido. Não se tratava de um banho, como queríamos. Entramos em outro recinto e recebemos calça, camisa, paletó, quepe e um par de tamancos fechados, de lona verde e sola de madeira. Eles nos advertiram quanto ao quepe, para que não o perdêssemos, conferindo a essa peça uma importância inexplicável. Eram roupas civis e já haviam sido usadas. Tinham marcas com tinta de cores. Algumas traziam a marca de uma cruz, e, segundo disseram, foram usadas por pessoas condenadas à morte. Vestimo-nos rapidamente e aguardamos. Aguardamos até que a porta se abriu e entraram na sala várias pessoas e um oficial. Logo percebemos para que serviriam as agulhas e tintas que eles traziam. Fomos separados em dois grupos, sempre sob agressão e pancadas. Os prisioneiros de um dos grupos foram todos tatuados no braço direito, com um número. Meu pai e eu pertencíamos ao outro grupo, o que não foi tatuado. Ocorreu-nos imediatamente a idéia de que não fôramos tatuados porque iríamos direto para a câmara de gás. Mas isso não aconteceu. Os prisioneiros tatuados permaneceram em Auschwitz, disponíveis para o trabalho forçado nos arredores do campo, em uma área que pertencia a Auschwitz. Quanto a nós, prisioneiros não tatuados, tivemos que aguardar, porque estávamos destinados a ser vendidos como mão-de-obra escrava.

Fomos conduzidos para fora, em direção ao campo dos ciganos, em Birkenau. Birkenau ficava a uma distância de seis quilômetros de Auschwitz, mas pertencia ao campo. Fomos a pé, caminhando dolorosamente, sem saber para onde.

Desde aquele pão que comemos na estação de Marisin até aquele momento, não havíamos comido ou bebido absolutamente nada. Não me lembro quando comemos depois desses fatos. E quem podia comer?

Fomos conduzidos para o campo dos ciganos em Birkenau. Os ciganos já não existiam, mas o campo dos ciganos mantinha essa denominação. Ali viviam concentrados, antes de nós, cerca de seis mil ciganos. Foram todos exterminados na câmara de gás, em uma só noite. Simplesmente, começava a faltar espaço para outros prisioneiros, e, para liberar o campo, foram todos mortos por asfixia com gás e, depois, incinerados no crematório. Alguns foram poupados para servir como ajudantes de *Kapos* e *Stubendienst*. Esses sobreviventes nos contaram sua miserável história no campo até o extermínio de toda a comunidade. Eles cantavam e dançavam, segundo a sua tradição. Quando a comissão da Cruz Vermelha vinha verificar a vida em Auschwitz, o campo dos ciganos servia de cenário para convencer que tudo corria muito bem. Não passava de uma farsa para despistar a atenção dos fiscais da Cruz Vermelha. Os alemães diziam à comissão que os ciganos estavam presos por serem vagabundos e para impedir que eles circulassem livres, misturando-se aos alemães. Garantiam que eles recebiam comida e que viviam bem com suas famílias.

O campo dos ciganos ficava ao lado do crematório. Os alemães colocaram cobertores para impedir que o crematório fosse visto. Apesar dessa divisória improvisada, era possível ver a chaminé, e até os mortos. Cheguei a ver os cadáveres esqueléticos depositados ali, perto do crematório, antes de serem levados para dentro.

CAPÍTULO 6

Você está em Auschwitz. Daqui só...

A essa altura, eu já estava treinado em bloquear o pensamento, como uma defesa. Executava as ordens automaticamente. Não julgava mais, nem tentava entender nada. Apesar de ter ouvido que de Auschwitz só se saía pela chaminé, e embora eu soubesse que havia um crematório no campo, não atinava com o significado daquilo. Não pensávamos muito. Cumpríamos as ordens para sobreviver, e mesmo que a vida já não tivesse mais valor, existia ainda o instinto de sobrevivência. Por aquela época, a nossa meta era escapar da câmara de gás. A cada vez, a cada passo, a cada instante... Ninguém tinha passado, presente ou futuro. Diante de nós, havia apenas o próximo momento. Tínhamos que ficar atentos ao momento seguinte. Foram seis longos anos perseguindo o momento seguinte, vivendo em curtas parcelas de tempo, esgotando segundo após segundo. Durante seis anos que pareciam intermináveis, contei cada instante de eternidade. Jamais poderei me recuperar do sofrimento. Não posso obter de volta meus melhores anos de juventude e de pureza de alma. Um dia, eu acreditei na humanidade, no mundo. Hoje, meus sonhos estão enterrados em Auschwitz, junto com minhas lágrimas e com minha mãe. Eu sobrevivi, venci, mas uma parte de mim ficou desolada. E o pior ainda estava por vir.

Os *Kapos* eram prisioneiros alemães ou poloneses; pessoas de uma crueldade sem limites. O que lhes passava pela cabeça, em termos das torturas que nos impingiam, escapa a qualquer mente normal. Como prisioneiros, já haviam vivenciado os horrores do campo de concentração instituídos na Alemanha antes da guerra. Agora, nos campos construídos na Polônia ocupada, receberam a função de fiscalizar os prisioneiros e descontavam em nós toda a sua revolta e toda a sua experiência vivida nos campos. Ao invés de serem solidários conosco, eram ainda mais cruéis que o pior alemão nazista. E nós estávamos submetidos a esses monstros.

À nossa chegada, fomos enfileirados em frente a um enorme galpão e, em seguida, contados. Por algum motivo, a contagem nunca dava certo. Fazíamos fileiras de cinco em cinco por ordem de altura e, ao comando dos *Kapos*, tínhamos que bater continência. Tudo isso vinha acompanhado por um ritual sádico de tirar e botar o quepe, de acordo com o comando. Permanecemos assim durante horas sem parar, até a noite, tirando e botando o quepe na cabeça, em posição de sentido, com os membros rígidos, enquanto ficávamos a toda hora trocando de fila, sempre debaixo de pancadas. Um *Kapo* gritava:

— Os mais baixos à frente e os mais altos atrás!

De repente, vinha um outro e berrava:

— Quem disse que é assim? Os mais altos à frente e os mais baixos atrás! Depressa! Mais depressa!

E nem bem começávamos a nos mover e verificar a altura, já nos golpeavam com os cassetetes. E a tortura recomeçava. *Mitzen!* Colocávamos a mão direita no quepe. *Ab!* Pegávamos o quepe e batíamos na perna direita. *Mitzen!* Recolocávamos o quepe na cabeça. *Auf!* Deixávamos o quepe na cabeça e batíamos na perna direita. *Mitzen!*

Mão direita no quepe... Era como um jogo mórbido em que eles davam ordens de *Mitzen ab* e *Mitzen auf*, tirar e botar o quepe, tirar e botar o quepe, sem nenhum objetivo.

As cercas do campo de Auschwitz eram eletrificadas. Muitos prisioneiros não suportavam essa tortura de tirar e botar o quepe durante horas seguidas, com o corpo rígido e sob os golpes das borrachadas, e corriam em direção à cerca para morrer eletrocutados. Os nervos já estavam no limite da sanidade. Os *Kapos* pegavam os suicidas, enquanto estes corriam até a cerca, e os massacravam de pancadas até a morte, à vista de todos. Isso limitou a corrida dos suicidas, porque todos viram que morrer espancado era pior que o jogo do quepe. Quando os *Kapos* não estavam olhando, muitos aproveitavam para correr até a cerca e morrer eletrocutados. O exercício do quepe permaneceu até a noite, sob gritos, pancadas e novas contagens. Esse exercício era o *Strafuebungen*, e era aplicado como punição, diariamente, sem nenhum motivo.

Eu não pensava em me matar; ao contrário, eu queria superar aquilo tudo e viver. Meu pai havia me dito para trabalhar sempre e evitar chegar perto de algum médico ou hospital. E eu fazia exatamente assim.

Durante a formação, chegou aquele Mengele que fazia

a seleção acompanhado de outros oficiais. Dirigiu-se ao *Kapo*, que não parava de nos espancar, e lhe perguntou se havia parentes entre os prisioneiros; irmãos, preferencialmente gêmeos, primos, pai e filho... Meu pai estava posicionado bem atrás de mim na fila. Ele me sussurrou para que eu ficasse quieto. Alguns pares de prisioneiros com grau de parentesco saíram da fila e se apresentaram. Eles nunca mais retornaram. Depois da guerra, fiquei sabendo que Mengele fazia experiências terríveis com os prisioneiros. Graças à intuição de meu pai, fomos salvos.

Depois da formação, fomos levados para o interior do galpão ao qual chamávamos de bloco. O galpão comportava umas seiscentas pessoas. Ficamos parados, de pé. Em seguida, chegaram dois homens acompanhados de um oficial. Os homens eram prisioneiros que executavam determinadas funções. Trouxeram duas garrafas de óleo de rícino e um balde. O oficial subiu em um banco e, entre xingamentos e palavrões, disse:

— Vocês escaparam do Dr. Mengele, mas não pensem que vão escapar de mim.

Percebi que o oficial se referia ao carrasco que me selecionou à entrada do campo. Aquele era o temido Mengele; e eu estivera diante dele. O oficial continuou:

— Sei que vocês engoliram ouro e brilhantes. É melhor entregarem tudo, caso contrário, vou abrir a barriga de cada um.

Ninguém tinha mais nada havia muito tempo. Após cinco anos de vida no gueto, de fome, perseguições e tortura, aquele monstro procurava brilhantes e ouro, quando não tínhamos nem comida apodrecida.

O oficial pegou um dos prisioneiros e disse:

— Você aí! Você tem!

O homem respondeu que não tinha nada.

O oficial, então, obrigou-o a beber um litro de óleo de rícino. Alguns minutos depois, o pobre homem começou a evacuar sangue — porque já não comia fazia muitos dias.

— e foi, então, forçado a remexer a gosma de sangue. Em seguida, não resistiu e morreu ali mesmo. Puxaram-no pelos pés e o colocaram de lado. Nós estávamos em Auschwitz.

Em Birkenau estavam também, além dos judeus, alguns prisioneiros russos que haviam sido enviados para lá por terem se recusado a se aliar aos alemães. Alguns deles foram servir de cobaias para experiências médicas. Nós, judeus, tínhamos medo dos russos; eles eram mais fortes que nós. Quando saíamos com a sopa, eles nos atacavam, pegavam a tigela e comiam a pouca sopa que era a nossa refeição. Por esse motivo, tínhamos que andar juntos, em grupos, para não sermos atacados. Todos nos ameaçavam: os alemães, os russos, os *Kapos...*

As roupas eram marcadas por triângulos de diferentes cores, com a finalidade de identificar a procedência dos prisioneiros. O triângulo dos homossexuais era de cor rosa; o dos prisioneiros políticos, vermelho; o dos assassinos, verde; o dos marginais, preto; o dos padres e testemunhas de Jeová, roxo. Nós, judeus, não usávamos triângulo.

Éramos contados pela manhã, à tarde e à noite. Como a contagem nunca dava certo, recomeçavam; assim, estavam sempre contando. Os *Kapos* contavam as pessoas para determinar a quantidade de pão do dia seguinte. Soubemos mais tarde que o pão quase não continha farinha. Era uma experiência para saber quanto tempo uma pessoa pode sobreviver consumindo pão feito de serragem e um pedaço de salame que não continha carne. Após a contagem, à noite, os *Kapos* matavam prisioneiros para ficar com o pão excedente e trocar por bebida alcoólica. O número de prisioneiros eliminados correspondia à quantidade de pão e salame de que eles precisavam. Na primeira noite em Auschwitz, vi um homem morrer assassinado pelos *Kapos* e *Stubendienst*, estes, na sua maioria, prisioneiros poloneses que deveriam servir de faxineiros mas, na realidade, eram cruéis colaboradores dos *Kapos*. Eles lhe apertaram a garganta até que morreu asfixiado. Estava muito próximo a mim. Olhei para o outro lado, fingindo não ver nada, mas ouvi como o homem arfava, asfixiado. Nem mesmo um animal pode morrer assim. Depois, entendi que o pobre homem tinha sido morto para poderem se apropriar da sua cota diária de comida falsa. Contavam pela manhã e matavam à noite. Isso ocorria diariamente. À noite, ouvíamos os gritos.

No bloco onde eu fiquei, não tinha cama-beliche. Eles ordenavam que sentássemos no cimento; ali, enfileirados, tínhamos que separar as pernas, e um sentava no espaço entre as pernas do outro. Assim, engavetados um no outro, tínhamos que deitar e não podíamos nos mexer. Dormíamos encaixados, sem poder mudar de posição. Pela madrugada, jogavam água para nos acordar. Diante de cada bloco havia um pátio. Nesse pátio fazíamos a formação para os "exercícios". Essa era a rotina em Auschwitz, enquanto aguardávamos o nosso destino como escravos.

No campo havia um comércio de trocas. Uma colher ou tigela valia uma determinada quantidade de pão. Para receber a sopa, era necessário ter a colher e a tigela. Os *Kapos* e *Stubendienst* eram os "fornecedores" desses utensílios. Para obtê-los, era preciso ficar sem comer um ou dois dias. Trocavam-se pão por cigarros e cigarros por pão, uma roupa larga por uma roupa justa e mais uma sopa. As roupas largas valiam mais, porque agasalhavam mais.

Os *Kapos*, *Stubendienst* e *Blockaelteste*, estes últimos, os comandantes de bloco, recebiam amantes, que chegavam nos transportes. Os amantes eram meninos poloneses com idade em torno de onze anos. Eram garotos bonitos, limpos e bem-vestidos, selecionados especialmente para essa finalidade. Eles viviam no campo, em Birkenau. Esses meninos, chamados *pupils*, eram extremamente cruéis. Chegavam a matar os prisioneiros.

Em Auschwitz, havia uma tortura instituída que consistia em vinte e cinco pancadas no traseiro. As vinte e cinco pancadas eram aplicadas sem motivo algum. Era mais um método para produzir a morte, sob qualquer pretexto. Ninguém sobrevivia às vinte e cinco pancadas. Se, por alguma razão, alguém resistisse, o que era muito raro, teria uma sobrevida muito comprometida, tanto física quanto psicologicamente. O prisioneiro tinha que se colocar em cima de um cavalete, com as mãos amarradas à frente, e eles batiam atrás. Aos primeiros golpes, a pessoa gritava, mas depois de dez pancadas não gritava mais. Os ossos quebrados e esmagados se misturavam à pasta de sangue. Os músculos ficavam tão contraídos, que era difícil retirar o cadáver do cavalete.

Um dia, eu estava na fila para conseguir um pouco de sopa. Um *Kapo* olhou para mim e disse que eu estava na fila pela segunda vez. Não era verdade. De nada adiantaria dizer alguma coisa, porque o homem já havia me condenado. Ainda assim, eu disse que estava na fila pela primeira vez e que não tinha comido nada. Como eu previa, não adiantou, e tive que acompanhá-lo. Eu sabia para onde ele estava me levando. Eu estava indo para a tortura das vinte e cinco pancadas. Sabia que era o meu fim. Meu pai viu quando eu ia com o *Kapo*. Imagino o que ele sentiu ao me ver caminhando para a morte. No caminho, um outro *Kapo* passou por nós e perguntou, dirigindo-se ao meu carrasco:

— Para onde você está levando esse saco de merda?

— Vou arrebentá-lo.

— Deixe essa merda. Venha que eu quero lhe mostrar uma coisa...

O *Kapo* que ia me arrebentar mandou que eu voltasse e me deu um pontapé. Por algum motivo, escapei mais uma vez. Parecia que eu estava destinado a viver. Eu ia sendo levado para a tortura das vinte e cinco pancadas e fora salvo. A volta também era perigosa. O que estaria eu fazendo afastado do meu bloco? Se me pegassem, eu levaria as vinte e cinco pancadas. Ir era perigoso, voltar era perigoso, viver era perigoso.

Estávamos à espera do nosso destino: o de sermos vendidos para o trabalho. Enquanto isso não ocorria, éramos submetidos a todo tipo de tortura: formação, contagem, cavar buracos e depois fechá-los, carregar pedras para um lado e depois trazê-las de volta, levar vinte e cinco pancadas por nada, pagar com a vida por um naco de pão... As seleções para a câmara de gás ficavam cada vez mais freqüentes. Pessoas muito magras ou com sinais na pele eram levadas para a morte. Meu pai e eu estávamos muito preocupados. Não havia comida, e a qualquer hora seríamos apanhados também. Sempre que aparecia a oportunidade para fazer algum serviço, nós nos apresentávamos como voluntários. Tínhamos que ser úteis de alguma forma para tentar escapar à morte. Qualquer coisa servia; carregar tijolos, sacos de areia ou pegar a vassoura. Essas eram atividades que apareciam de vez em quando. Eu sabia que não sairíamos vivos, porque já haviam dito que a única saída era pela chaminé. Meu pai e eu tínhamos que dar um jeito de sair dali.

Nós, os prisioneiros, ficávamos em galpões, ou blocos, e cada um só podia ficar no seu bloco; havia uma severa proibição de ir a outro. Quem transgredisse a norma seria morto com as vinte e cinco pancadas. Um dia, vi alemães entrando em um outro bloco; entre eles, alguns eram civis. Imaginei que pudesse ser uma oportunidade de trabalho fora dali. Disse a meu pai para irmos ver o que estava acontecendo, apesar da proibição de ir a outro bloco e do risco de receber as vinte e cinco pancadas. Saímos assim mesmo e passamos diante dos *Kapos*; mas, para a nossa surpresa, eles não nos molestaram. Entramos no outro bloco e vimos Mengele pela terceira vez. Aquele monstro estava sentado. Os prisioneiros iam passando e, cada um à sua vez, tinham que abaixar a calça diante dele. Certamente, ele procurava alguma mancha na pele ou hérnia. Meu pai e eu corremos para lá, porque percebemos que se tratava de uma seleção. Passamos diante do carrasco, abaixando a calça à nossa vez. Ele fazia acenos com o dedo, indicando para um ou outro grupo. Meu pai e eu fomos aprovados; todos do nosso grupo fomos levados, em seguida, para a desinfecção. Tivemos que passar por aquilo tudo outra vez; raparam nossos pêlos e passaram em nosso corpo o desinfetante que queimava, mas pelo menos fomos selecionados para alguma coisa diferente da morte, e nem sabíamos do que se tratava. Recebemos uniformes de prisioneiro, de tecido listado azul e branco. Cada um recebeu também um número, não tatuado, mas estampado em tecido branco, que deveria ser costurado no lado esquerdo do paletó e no lado direito da calça. Junto ao número, havia a identificação do prisioneiro de acordo com a cor do triângulo; nós, judeus, fomos classificados como prisioneiros políticos e recebemos o triângulo vermelho. Os *Kapos*, por alguma razão, estavam ainda mais agressivos. Apanhamos muito até que fomos embarcados no trem de carga. Estávamos sendo levados a um outro campo.

CAPÍTULO 7

Você está em Auschwitz. Daqui só se...

O uniforme de listas com o número costurado e o triângulo de identificação eram do campo de Grossrosen, na Alemanha, para onde fomos conduzidos. Grossrosen, que ficava perto de Breslau, era o campo central de um complexo de campos à sua volta. Exatamente como ocorria em Auschwitz, que também centralizava toda uma engrenagem que funcionava nos arredores; e tudo era Auschwitz. De início, fomos levados a Wüstegiersdorf, um campo externo de Grossrosen, onde permanecemos uma semana em observação, a chamada quarentena, para ver se havia entre nós alguma epidemia, como, por exemplo, o tifo. Era comum, à entrada dos campos, que se fizesse a quarentena para detectar as doenças contagiosas. Além disso, fazia-se também seleção para eliminar as pessoas muito magras e incapazes para o trabalho. Um entre nós havia contraído tifo; era um judeu convertido, de nome Kaufman. No gueto de Lodz, ele ocupava o posto de comandante do Corpo de Bombeiros. De nada lhe adiantou converter-se. Aquela perseguição não era de natureza religiosa, mas racial. Para os alemães, Kaufman era judeu.

Quando alguém contraía tifo em Auschwitz ou outro campo de extermínio, o bloco onde a pessoa se achava, bem como os blocos vizinhos, era evacuado, e as pessoas eram levadas ao extermínio. Mas nós estávamos em um campo de trabalho, e eles precisavam de nós para servirmos de operários. Kaufman foi enviado para a morte em Grossrosen, e todos os outros, inclusive eu, fomos vacinados contra o tifo. A seringa utilizada para vacinação era tão grande que, com certeza, era seringa para gado. A vacina era injetada sob a pele abaixo do peito com aquela seringa de agulha enorme e grossa. A dor era muito forte, além do risco de infecção, mas eles não se importavam. Dias depois, voltaram para verificar o efeito da vacina em cada um. Aqueles que não apresentaram reação à vacina foram levados a Grossrosen para a morte, porque eram portadores da doença. Os menores de dezesseis anos também foram levados.

Em Grossrosen não havia câmara de gás, mas havia crematório. Isso porque é possível matar de outras formas além do gás, mas livrar-se do cadáver já é mais difícil. E a forma mais rápida e menos dispendiosa era a incineração. Assim, os prisioneiros que ficavam magros ou doentes eram mortos e cremados em Grossrosen. O mesmo ocorria em todos os campos, inclusive naqueles onde não havia câmara de gás. Os incapazes para o trabalho e os doentes eram assassinados de alguma forma e, em seguida, incinerados.

Em Wüstegiersdorf, passei ainda por outra experiência dolorosa, uma tortura gratuita, sem nenhuma causa e nenhum objetivo. Um rapaz com uniforme nazista se aproximou de mim e ordenou que eu o seguisse. Levou-me para um escritório de madeira e mandou que eu sentasse em uma mesa. Abriu uma maleta que continha material odontológico e disse:

— Vou lhe arrancar um dente. Quando doer, você grita.

Mandou que eu abrisse a boca e começou a arrancar o

dente sem anestesia. Doía muito, e eu gritava desesperadamente. Demorou muito tempo até que ele conseguisse arrancar o dente. Em seguida, disse:

— Vou arrancar outro dente, mas você não vai gritar. Se gritar, mato você.

E arrancou-me o segundo dente, sem anestesia e sem gritos. Como antes, doeu muito e demorou até que aquilo tudo terminasse. Mas eu não podia gritar. Até hoje, não entendo o que aconteceu ali; se foi uma experiência, um treinamento ou simplesmente a crueldade sem limites de um monstro.

Terminada a quarentena, fomos levados para outro campo externo de Grossrosen, de nome Kaltwasser. Soubemos, então, que havíamos sido vendidos como mão-de-obra escrava sob a fiscalização da Organização Todt, uma empreiteira que construía fortificações para o exército alemão. As obras incluíam a construção de casamatas, muros, trincheiras, barreiras de cimento e demais recursos para impedir a passagem de tanques inimigos. Trabalhávamos na floresta, ao relento, expostos ao frio intenso e à chuva, sem agasalho ou proteção, com muita fome, e éramos constantemente espancados. O mestre-de-obras procurava nos poupar das freqüentes pancadas dos guardas. Era o único alemão, em tantos anos, que nos mostrava uma face menos severa. Nos dias muito frios, ele usava um gorro de pele com a estampa da águia e suástica. Quando os guardas não estavam por perto, fazia conosco uma brincadeira, dizendo:

— Cuidado comigo, hein! Hoje eu estou "com o pássaro"...

Era como se dissesse:

— Cuidado comigo. Hoje estou "meio doido"...

Sei que fazia isso para aliviar a nossa tensão. De certa forma, ele estava debochando do símbolo nazista, o que soava agradável para nós.

Em Kaltwasser, como em Auschwitz, não havia comida nem roupas; em compensação, as torturas eram mais brandas. Eles batiam, como antes, mas não para matar, porque precisavam do nosso trabalho. Assim, as vinte e cinco pancadas foram reduzidas a dez ou, em alguns casos, até menos. O prisioneiro punido levava a surra, ficava moído e, no dia seguinte, tinha que ir trabalhar nas obras de construção.

Os guardas da SS e os *Kapos* fiscalizavam o trabalho

na floresta e anotavam os números dos prisioneiros que transgrediam as regras estabelecidas. O frio era insuportável, e quase sempre chovia. Alguns pegavam pedaços do papel que embalava o cimento usado nas obras e enfiavam dentro da roupa para sentir menos frio. Isso era considerado uma transgressão às normas; todo aquele apanhado com papel dentro das roupas tinha o número anotado. À noite, de volta ao campo, éramos contados e, em seguida, tínhamos que presenciar a pancadaria. Os prisioneiros espancados voltavam ao trabalho no dia seguinte. Os sacos de papel que embalavam o cimento iam para o lixo. Para eles, nós valíamos menos que o lixo.

Um dia, eu trabalhava nas obras cavando uma vala, quando um soldado alemão gritou para mim:

— Ei! Judeu! Pão!

E jogou um pedaço de pão que caiu no chão, à minha frente. Todos os demais prisioneiros que estavam trabalhando por perto e viram aquilo se amontoaram em cima de mim numa tentativa de obter aquele pão. Eu estava quase sufocando debaixo daquela gente toda, mas consegui pegar o pão e o enfiei depressa na boca. Os soldados, vendo aquele amontoado de gente, foram dispersar e restaurar a disciplina de trabalho, empunhando as baionetas e golpeando as pessoas. Eu não conseguia ver nada, mas, de repente, comecei a sentir sangue escorrendo sobre mim. Um a um, os homens foram sendo atingidos pelas baionetas. Eu estava encurvado, os joelhos dobrados, e coloquei as duas mãos sobre a cabeça para me proteger. Meus dedos levaram os golpes finais daquela matança. Tive muitos cortes nos dedos. Até hoje, tenho as marcas das cicatrizes. Em seguida, levei ainda uma coronhada no nariz. Em conseqüência do golpe, fiquei com o nariz quebrado e tenho dificuldades de respirar pelo nariz. Ainda que eu quisesse esquecer, não poderia. A cada inspiração lembro-me desse fato, sem conseguir entender esse momento trágico. Por que eles mataram? Por quê?

Tenho muitas marcas. Tenho cicatrizes de todo tipo. Minha alma está cheia delas. Meu corpo também. Minha memória, meu pensamento, meu sono, meus sonhos, meus dias e minhas noites.

Meu pai era fumante. Não havia cigarros no gueto, e muito menos nos campos, para os prisioneiros. Assim, fazia quase cinco anos que ele não fumava. Um dia, na obra, um guarda alemão jogou fora a guimba do cigarro que acabara de fumar. Meu pai se abaixou para pegar, mas, antes que tivesse tempo de levá-la à boca para uma única tragada, foi barbaramente espancado pelo guarda, ali mesmo. Em Kaltwasser, naquela maldita floresta, quando vi meu pai sendo espancado, senti uma angústia tão grande que não consigo descrever. O que eu não suportaria ver ocorrendo a um estranho vi ocorrer a meu pai. O mestre-de-obras, aquele que ficava "com o pássaro" de vez em quando, advertiu o guarda severamente. Disse-lhe que não batesse em horário de trabalho, porque ele, como responsável pela obra, tinha que apresentar uma cota de produção de trabalho, e que aquilo tinha sido extremamente prejudicial, não só para ele, mas também para o Reich. Quanto a meu pai, voltou ao trabalho; alquebrado, humilhado e sem fumar...

Chuva.
Chuva intensa e densa.
Estamos tão encharcados e gelados
que parece que somos água.
Há água em cada poro de nosso corpo
infiltrando-se na pele e afogando os órgãos.
Pai! — eu digo —

Se eu sair vivo daqui,

se um dia eu tiver uma casa,

não sairei em dia de chuva...

Chovia torrencialmente durante as obras. Os buracos que cavávamos logo se enchiam de lama. Era o próprio dilúvio. Tínhamos que voltar para o campo; o campo ficava longe. E isso ocorria com freqüência...

Kaltwasser ficava cerca de dois quilômetros distante das obras na floresta. Tínhamos que fazer o trajeto a pé diariamente, na ida e na volta, o que implicava perda de tempo de trabalho. Os alemães decidiram, então, construir um campo perto das obras e, assim, economizar tempo e aumentar a produção. Alguns prisioneiros foram indicados para construir esse campo; entre eles, eu e também meu pai. O campo recebeu o nome de Lerche. O mestre-de-obras do campo era um marceneiro, um civil alemão já de certa idade. Um dia, ele me disse:

— Não estou fazendo este campo para vocês, mas para mim mesmo.

Isso porque a guerra já estava perdida para os alemães; ele quis dizer que seria prisioneiro no campo que ele próprio construíra, enquanto nós seríamos libertados.

Um outro dia, ele me perguntou:

— Que crime você e seu pai cometeram para estarem aqui?

Respondi:

— Não, senhor. Estamos aqui porque somos judeus.

Ele não entendeu e tornou a perguntar. Eu respondi que não éramos criminosos, nem eu nem meu pai. Disse-lhe que, antes da guerra, eu estudava e meu pai trabalhava, e que, depois, fomos deportados e transferidos; quanto à minha mãe, eu não sabia ao certo o que lhe havia ocorrido. Com o tempo, ele foi se convencendo de que eu dizia a verdade. A partir de então, passou a deixar, às vezes, um pedaço de pão ou resto de comida para mim, fingindo ter esquecido em algum canto. Quando isso aconteceu pela primeira vez, fiquei com medo de pegar. Tudo era motivo para espancamento naquele inferno. Achei que podia ser uma armadilha. No dia seguinte, ele perguntou se eu havia visto o pão. Eu disse que sim. E ele tornou:

— E o que está fazendo aqui este pão? Não pode ficar aqui. Anda, pega, pega logo...

E aí começou a deixar sempre alguma coisa. Um dia,

deixou até uma batata cozida. Era uma riqueza naqueles tempos... Eu nem estava mais acostumado a ver um gesto de humanidade. Tinha perdido a fé nas pessoas.

Construímos, então, o campo de Lerche. O campo constava de barracões de madeira, galpões, alojamentos e a *Appellplatz*, o lugar para sermos contados e espancados. Em volta do campo, havia cercas com guaritas para os guardas.

Estávamos na Alemanha, e o inverno era muito rigoroso. Em Kaltwasser, tivemos um comandante de campo que ganhou o apelido de *Bube*, que significa vovó. Era um velho imberbe, cheio de rugas, e parecia uma mulher, o que justifica o apelido. Esse comandante não era dos piores. A sessão de pancadas era mais branda, e às vezes alguns inscritos para a punição eram até liberados. Quando fomos transferidos para o campo de Lerche, tivemos um outro comandante que era um verdadeiro carrasco. Esse homem nos tratava por *Sau*, que significa porcalhão; chamava-nos de judeus porcalhões e sujos. Como não sabíamos o nome dele, passamos também a chamá-lo de *Sau*. Era o mês de dezembro do ano de 1944. A Alemanha estava perdendo a guerra. A frente russa se aproximava, e os alemães precisavam das fortificações. Com isso, tínhamos que trabalhar mais duro ainda, e a crueldade dos capatazes aumentava cada vez mais, se é que isso era possível. Batiam tanto que, muitas vezes, o mestre-de-obras tinha que interceder para salvar da morte o prisioneiro. Um dia, o comandante de campo, aquele *Sau*, nos reuniu e prometeu que no dia 24 de dezembro, véspera do Natal, após o trabalho e de volta ao campo, cada um de nós receberia a cota de pão e sopa em dobro; disse também que no dia 25 não iríamos trabalhar. Não é preciso dizer que contamos os minutos até chegar 24 de dezembro. Passamos o dia na expectativa de voltar ao campo e receber a sopa e o pão prometidos. Chegando ao campo, fomos contados, como de costume; mas, em vez de comida, tivemos uma recepção bastante diferente. O comandante nos xingou com todo tipo de palavrão e disse que não merecíamos a comida, porque não havíamos trabalhado o suficiente. Decepcionados, entramos nos barracões. Pouco tempo depois, soou o sinal. Saímos ao pátio onde faziam a contagem, pensando que receberíamos a sopa e o pão. Fomos alinhados pelos *Kapos* e esperamos pelo comandante. Fazia muito frio. Era uma noite limpa, sem nuvens, e tudo estava congelado. Nós vestíamos o uniforme de prisioneiro, sem nenhum agasalho. O frio penetrava nos ossos. Demorou muito tempo até o comandante *Sau* chegar. Ele entrou por um portão da cerca de arame farpado. Estava muito bem agasalhado e visivelmente embriagado. Gritou com todas as forças:

— *Achtung!* Atenção! *Mitzen ab!*

Ao comando, tiramos imediatamente o quepe da cabeça e aguardamos. Ele estava tão bêbado que nem conseguia falar direito. Começou uma fala lenta, articulando as palavras de forma arrastada e, às vezes, sem nenhum nexo. Entendemos, contudo, que se referia a nós como os assassinos de Jesus, que nós merecíamos o extermínio em Grossrosen, mas tínhamos que terminar as fortificações e, por esse motivo, permanecíamos vivos. Disse também que, como bom cristão, iria vingar o sangue de Cristo, que fora derramado por nós; por fim, disse que ficaríamos ao relento para sentir o frio que Cristo sentiu. Prosseguiu com os xingamentos e entrou no alojamento dos guardas. O frio aumentava dentro da noite a cada minuto. Através das janelas do alojamento, vimos como comiam, bebiam e cantavam, abrigados do inverno intenso e da neve. Aos poucos, o canto se transformou em gritos. Bebiam e berravam. E nós, prisioneiros, congelávamos lá fora; alguns começaram a cair. Estávamos proibidos de prestar qualquer socorro;

ainda que pudéssemos, não teríamos meios para socorrer. Ali permanecemos durante muito tempo, enquanto vários caíram mortos sobre a neve. Até que chegou um cabo e ordenou que voltássemos aos barracões. No dia seguinte, 25 de dezembro, pela madrugada, saímos ao pátio para a contagem. O comandante *Sau* não apareceu. O sargento ordenou que trouxessem os prisioneiros que ainda estavam vivos e não conseguiam andar. Fez-se a contagem. A quarta parte dos prisioneiros havia morrido naquela noite. Após a contagem, o sargento solicitou voluntários para remover a neve à volta do campo em troca de uma sopa. Meu pai, que sobrevivera à noite de horror, apresentou-se para o trabalho e trouxe um pouco de sopa para mim. A partir daquele dia, não saímos mais para o trabalho. Não trabalhamos mais nas fortificações. Isso não significa, contudo, que foi melhor para nós. Hoje sei que nunca se chega ao pior. Não há um limite para o mal. Pior que o gueto, pior que Auschwitz, pior que Kaltwasser, pior que a mais cruel tortura era o que ainda estava por vir. Pior que esmagar um inseto com a sola do sapato.

CAPÍTULO 8

_____

Você está em Auschwitz.
Daqui só se sai...

Não tínhamos relógio nem calendário. Nada sabíamos a respeito de data e hora. Inferíamos o tempo pelas estações do ano e as horas pelas refeições dos nossos capatazes. Não sei dizer quanto tempo cada tortura durou, cada período, a permanência em cada campo, qual a duração das noites ou da jornada de trabalho. Para nós, aquilo durou a vida inteira. Era tudo, todo o tempo, interminável. Os dias e as noites eram sempre cinzentos. Não havia trégua, um segundo de paz, um sono, um sonho sequer. Era impossível esquecer o inferno. O dia seguinte era um mistério. E como a nossa situação ficava cada vez pior, temíamos pelo dia seguinte. Às vezes, de volta ao campo após o trabalho nas obras, meu pai e eu conversávamos sobre como seria depois que aquele pesadelo terminasse, com o fim da guerra. Falávamos em reencontrar os conhecidos e os familiares perdidos. No caminho de volta à Polônia, entraríamos nas fazendas e pegaríamos gansos e galinhas, e, assim, nos sustentaríamos até chegarmos em casa. Meu pai e eu falávamos baixinho, para que ninguém ouvisse. Era o nosso segredo, o único sonho desperto que tínhamos.

Após o Ano-Novo de 1945, os russos avançaram e se aproximavam cada vez mais. De início, os alemães disseram que iam se retirar e que nós ficaríamos no campo até a chegada dos russos. Mas isso não aconteceu, e nós fomos levados pelos guardas da SS. Disseram que estávamos indo para o interior da Alemanha, para um outro campo, a fim de prosseguirmos com o trabalho. E iríamos a pé. Os alemães estavam perdendo a guerra. Não havia mais trens ou caminhões, nenhum tipo de condução. De todos os campos saíam os prisioneiros rumo ao interior da Alemanha, numa marcha sem precedentes. O maior e mais perverso desvio da imaginação doentia dos alemães na Segunda Guerra: a Marcha da Morte.

Sabíamos que não era verdade o que diziam e que não estavam nos levando para outro campo. Pensávamos que seríamos fuzilados antes da libertação pelo exército soviético. Não erramos muito em nosso pensamento. O objetivo daquela caminhada era promover a morte durante o trajeto, sem que fosse necessário o sepultamento nas valas comuns, sem deixar vestígios de extermínio em massa, sem deixar testemunhas, e prosseguir com o plano genocida até o último instante. Os alemães haviam recebido ordens de eliminar todos os sobreviventes, mas não podiam mais cometer os atos bárbaros sob o risco de serem incriminados. A morte devia ser lenta e espaçada: um aqui, outro mais adiante; um de fome, outro de frio; um fuzilado, outro espancado — mas sem deixar marcas de chacina.

Era inverno, e tudo estava congelado. Caminhávamos sob a neve com o uniforme roto e os tamancos com sola de madeira. Andávamos formados de cinco em cinco, um bloco compacto. Era proibido parar, sentar, atrasar, cair ou sair da formação. Em qualquer dos casos, o prisioneiro seria fuzilado. A neve colava sob o solado de madeira, e era difícil equilibrar os passos, o que provocava quedas e tropeços, dando ensejo a freqüentes fuzilamentos. Não podíamos nem mesmo parar para urinar. Tínhamos que urinar mantendo o passo; a urina congelava na roupa e dificultava ainda mais a caminhada, cortando-nos a pele. Às vezes, despontava uma folhinha de beterraba, repolho ou couve na neve, e nós estávamos esfomeados; quando alguém corria na direção daquele sinal de vida, era fuzilado a sangue-frio, antes que pudesse alcançar o destino ou levar a folha à boca.

Seguíamos caminhando pelas estradas secundárias. Pelo caminho, íamos encontrando outras massas compactas de prisioneiros sobreviventes de outros campos, e os blocos de gente iam se juntando. Passávamos pelas aldeias e cidades. Éramos um bando de maltrapilhos, imundos, cheios de piolhos, famintos, caindo aos pedaços. Éramos observados pelos habitantes dos lugares por onde passávamos. Alguns choravam porque sabiam que a guerra estava perdida para eles e que seriam responsabilizados por aquilo tudo. Não choravam por nós, mas por eles. Achavam que era o fim da Alemanha, porque atribuíam a Hitler a personificação da Alemanha. Para eles, o fim do nazismo implicaria o fim do povo alemão. Eles nos viram, mas, depois da guerra, disseram que não viram nada, não sabiam de nada e não reconheciam nada.

Caminhávamos desde cedo até escurecer. Não possuíamos comida ou bebida. À noite, quando tínhamos sorte, dormíamos em estábulos ou celeiros de feno. Às vezes, recebíamos três ou quatro batatas cozidas ou uma sopa rala. Éramos obrigados a tirar a camisa e matar os piolhos com as mãos. Chamavam a isso *Entlausung*, que quer dizer matança de piolhos. Quando os guardas queriam um pouco de diversão, acendiam o fogo, ordenavam que sacudíssemos a camisa, e os piolhos estalavam em contato com a chama. E eles riam com isso. A maior parte das vezes dormíamos ao relento. Poucos levantavam pela manhã. Morriam congelados.

Nas estradas, víamos mortos por todos os lados. Este era um sinal de que outras massas humanas já haviam passado por ali. Percebemos que a Marcha da Morte era maior do que qualquer um poderia imaginar. Após a guerra, tomamos conhecimento de que quase dois milhões de judeus morreram na Marcha da Morte. Os mortos eram recolhidos em carroças de uma aldeia a outra. Eram removidos sempre que possível, para não chamar muito a atenção à chegada dos aliados, mas alguns cadáveres eram deixados à beira do caminho. Andávamos com fome, frio e medo. Deslocávamo-nos para diante, para trás ou dando voltas;

chegamos a sair das fronteiras alemãs e passamos pela antiga Checoslováquia. Tudo a pé, com os tamancos de madeira. Éramos conduzidos de campo em campo, procurando um lugar para parar. Os campos não nos aceitavam.

Nós estávamos na Marcha da Morte. Em Auschwitz, ouvíamos:

— Cale a boca. Você está em Auschwitz.

Aqui, passamos a ouvir:

— Você não está mais no campo. Você está em *Todesmarsche.*

Todesmarsche significa Marcha da Morte.

Às vezes, ocorria irmos pela estrada principal. Ali, o movimento também era grande. Passavam civis alemães fugindo com suas famílias e transportando os pertences nas carroças. Tinham medo de bombardeio e abandonavam as casas, em retirada. Eles estavam tão desesperados quanto os poloneses no início da guerra, com a invasão do exército alemão. Eu estava vendo aquele quadro pela segunda vez. Apesar do medo e do desespero, eles não se compadeciam de nós. Sentiam até repugnância pelo nosso estado. Eu, contudo, não tive sentimento de vingança e nem senti alegria ao vê-los fugindo do exército russo.

Um dia, entramos numa fábrica em alguma cidade da Alemanha. Era uma fábrica de munição, num campo cercado com arame farpado. No primeiro e no terceiro andar, havia homens não-judeus servindo de operários; no segundo andar, vimos mulheres judias. Ficamos impressionados. Não imaginávamos encontrar sobreviventes judias; as mulheres eram logo executadas, porque sua força de trabalho era inferior à dos homens. Começamos a gritar sobrenomes. Nós de um lado, elas do outro. Queríamos encontrar parentes, amigos ou conhecidos. Até que um entre nós identificou a irmã. O comandante da fábrica de munição da SS presenciou o fato. Ele ordenou às moças que descessem ao pátio e as enfileirou diante de nós. Em seguida, perguntou à moça:

— Você tem algum parente aqui?

Ela apontou na direção do irmão.

O comandante ordenou que os dois se olhassem. Depois, sacou a arma e atirou na cabeça dela. E disse ao homem:

— Até agora você tinha uma irmã.

Uma vez, fomos levados a uma fábrica na Silésia para passarmos a noite. Dividiram-nos em dois grupos: um grupo ficou na fábrica, o outro no depósito. No dia seguinte, o grupo da fábrica foi deixado para trás e o grupo do depósito continuou a caminhada. Meu pai e eu estávamos no grupo do depósito. Depois da guerra, eu soube, através de um sobrevivente que estava no grupo deixado na fábrica, que os prisioneiros foram libertados alguns dias depois, pelos russos. Quanto a nós, tivemos que suportar a Marcha da Morte por mais três meses.

Seguimos andando. Não tínhamos destino. Andávamos para morrer. Não havia comida, e a cada dia era pior. Meu pai já não era o mesmo homem bonito e forte de antes e não podia mais andar. Puxava as pernas com dificuldade, e isso o esgotava. Um dia, ele me disse:

— Filho! A guerra está no fim. Você vai sobreviver; é jovem ainda. Mas eu já não posso andar. Não consigo; cheguei ao limite. Eu vou me sentar.

Sentar significava ser morto. Em seguida, ele acrescentou:

— Se você sobreviver, conte tudo o que aconteceu conosco. Conte sempre, ainda que não acreditem.

Respondi:

— Pai! Se você sentar, sentarei ao seu lado. Não quero viver sem você; não quero viver mais.

Meu pai insistiu:

— Meu filho! Não posso andar, mas você deve prosseguir. É possível que sobreviva. E, se sobreviver, jamais deixe de contar o que nos ocorreu. Sei que não entra na cabeça de ninguém que algo assim possa acontecer; que seres humanos possam chegar a um nível tão baixo de crueldade e fazer o que fizeram a outros homens. Mas você tem que contar. Se pelo menos uma pessoa acreditar, você já terá feito a sua parte. E eu vou me sentar, porque não consigo mais...

Eu também insisti:

— Pai! Se você sentar, sentarei ao seu lado. Não vou prosseguir sem você.

Próximo a nós, ia um homem que se arrastava sobre os pés e estava em estado de saúde tão precário quanto meu pai. Ele ouviu o que dizíamos e se dirigiu a meu pai:

— Você quer que seu filho sobreviva? Então, faça um esforço. Você anda entre mim e seu filho, apoiando-se no meu ombro e no ombro dele. Caminharemos juntos o quanto pudermos. Se um cair, cairemos os três.

O homem não agüentava arrastar o próprio corpo. Esse gesto de amor e solidariedade salvou minha vida, porque eu estava determinado a ficar com meu pai. Conseguimos prosseguir por mais algum tempo, até que, passando por uma estação, vimos um trem parado. Os alemães não sabiam daquele trem. Era como um milagre. Assim, ordenaram que entrássemos nos vagões. Não sabíamos para que inferno estavam nos levando, mas, pelo menos, seríamos conduzidos sobre os trilhos e não sobre os pés em carne viva. Não podíamos mais caminhar. A Marcha tinha terminado para nós, mas não a Morte.

Estávamos na Checoslováquia. Os alemães também não sabiam para que lugar iríamos, e nem mesmo o maquinista do trem. Iríamos em frente e chegaríamos a algum lugar. Entramos nos vagões. Havia muita gente para embarcar, e o espaço era pouco. Um soldado da SS pegou um pedaço de pau e começou a bater para todos os lados, fazendo com que as pessoas recuassem e liberassem mais espaço no vagão. Um desses golpes me acertou em cheio no supercílio. No local da pancada fez-se um hematoma. Meu pai ficou preocupado; sabíamos que em todos os campos havia seleção à chegada dos prisioneiros, e que todos os portadores de manchas na pele ou hematomas eram executados e cremados. Se fôssemos conduzidos a algum campo, eu seria selecionado para a morte. Durante todo o tempo em que permanecemos no trem, meu pai ficou fazendo massagem em volta do meu machucado, tentando desfazer o hematoma. Ele estava desolado; dois dias antes havia dito que eu iria sobreviver, e aquele hematoma no rosto colocava a minha vida em risco...

O trem chegou à estação de Neustadt, na Alemanha, e parou. Os alemães souberam que próximo àquela cidade havia um campo de nome Flossenbürg, para onde fomos conduzidos. Flossenbürg ficava num morro, e nós subimos a pé. Por uma feliz coincidência, naquele dia não houve seleção, e eu escapei de ser morto por causa do hematoma. Em Flossenbürg havia prisioneiros políticos, espanhóis ropublicanos, russos comunistas, holandeses e judeus. E um crematório. Meu pai e eu fomos conduzidos ao bloco 25, o pior bloco. O *Kapo*, de nome Karl, era um sádico doentio. Usava triângulo vermelho no uniforme, indicando que era prisioneiro político, mas, na verdade, era um assassino. Às vezes, durante a formação, esse detestável *Kapo* ordenava que abríssemos a boca e cuspia dentro. E quem fizesse expressão de nojo era assassinado na mesma hora. Karl tinha um ajudante, um cigano alemão que não era melhor que seu chefe. Diziam até que era um condenado à morte por assassinato, mas escapara de ser executado. Não era de espantar, porque no campo todos eram assassinos. O *Blockaelteste*, comandante do bloco, vivia bêbado. Ele conseguia a bebida em troca do nosso pão. Trocava o pão roubado por vodca. Esses eram os "responsáveis" pelo bloco; como um deles estava sempre embriagado, tudo ficava por conta do *Kapo* e de seu "fiel" ajudante. Nesse bloco de número 25, estavam também, além de judeus, prisioneiros holandeses, russos, testemunhas de Jeová e padres. Os russos eram oficiais do Estado-Maior, prisioneiros de guerra.

Em Flossenbürg recebemos paletó de uniforme. Além do número inscrito, havia também a indicação da letra inicial do país de origem e o triângulo com a cor correspondente, conforme o caso; se o prisioneiro era um oficial, tinha ainda a letra O. Pela manhã, recebíamos uma água preta que chamavam de café. Após esse café, fazíamos a formação. Ficávamos quase o dia inteiro ao relento. Era proibido entrar no alojamento, apesar do frio. Flossenbürg era conhecido como a Sibéria alemã, devido ao inverno rigoroso. Sentíamos tanto frio que nos juntávamos, para nos aquecermos uns nos outros, apesar de ser proibido. O *Kapo* Karl chegava e espancava a todos, para nos separar. Havia o bloco das latrinas. Era proibido entrar nesse bloco.

Íamos até lá, não para usar as latrinas, mas para nos abrigarmos contra o vento gelado. Se Karl entrasse naquele bloco e encontrasse alguém, espancava até matar. À tarde, éramos contados. Cada um recebia uma sopa. Éramos obrigados a entrar no alojamento até o término da distribuição. Em seguida, tínhamos que sair para o frio cortante, sempre debaixo de pancadas. À noite, após a contagem, recebíamos um pedaço de pão à entrada do bloco e tínhamos que ficar nos beliches. Cada andar era ocupado por quatro pessoas. O beliche tinha três andares, nos quais ficavam amontoados doze prisioneiros.

Um dia, fomos levados para um banho. Banho era coisa rara desde o gueto; nos campos, passou a não existir. Os alemães temiam o tifo. E, assim, tivemos um banho. Os uniformes foram levados para desinfecção, mas não adiantou nada. Os piolhos voltaram tão numerosos quanto antes. Na saída do banho, pintaram alguns números e letras com tinta vermelha na testa de cada um. A numeração era bem diferente da que estava impressa no uniforme. Até hoje não sei o que aquilo significava. Que código era aquele que marcava cada um como gado, contendo, com certeza, uma determinada classificação? Que marca era aquela? Mais uma; quantas mais?

Em Flossenbürg grassava uma peste que assolou os prisioneiros; era a disenteria. Não havia medicamento, e a doença se alastrava. As pessoas se esvaíam em diarréias constantes. Andavam com as roupas sujas. Os que ocupavam os vãos inferiores nos beliches amanheciam afogados em fezes e sangue. Quem ainda tinha alguma força subia ao vão superior. Às vezes, havia briga para ocupar os lugares de cima. Não tínhamos a opção de permanecer fora dos beliches; éramos obrigados a ficar no alojamento durante a noite, e, dentro do alojamento, tínhamos que estar nos beliches. Tudo cheirava mal. Não havia banho ou troca de roupas. Nos blocos, havia baldes e tonéis para servir de banheiro, mas, com a disenteria, as pessoas não tinham o controle...

Meu pai contraiu a doença. Meu pobre e querido pai. Aquele que, além de sofrer por si mesmo, sofria também por mim — e esse talvez fosse o drama maior. Ali estava ele, padecendo de disenteria. Esvaía-se aos poucos, numa dor que não pode ser descrita. E eu vi isso tudo. Certa vez ele me disse que estava no fim, porque havia expelido os intestinos. Não sei o que é pior: dizer isso ao filho ou ouvir isso do pai. Meu pai tinha entrado em um estado de entrega total. Era um estágio anterior à morte, quando as pessoas ficavam totalmente alheias à realidade. Nada mais interessava. A pessoa andava e, em alguns casos, podia até falar, mas não estava mais ligada a este mundo. Era como uma depressão profunda, onde até o instinto de sobrevivência deixava de existir. Não havia mais fome, dor ou medo. Era a indiferença total. Esse estado era chamado de "muçulmano". E meu pai já estava assim; já era um *Muselmänner*. Um dia, ele entrou no bloco das latrinas. Eu não sabia que ele havia entrado lá, mas vi quando Karl entrou no bloco. Todos fugiram apavorados, e Karl corria atrás para espancá-los. Não vi meu pai em canto algum. Ocorreu-me que poderia estar naquele bloco, e fui verificar. Meu pressentimento se confirmou. Lá estava meu pai, estendido sobre aquela sujeira de fezes e de sangue, no bloco das latrinas. Aproximei-me e ouvi quando ele disse meu nome. Os olhos estavam abertos e vitrificados. Vi quando os piolhos começaram a descer de seu corpo. Entendi que estava morto. Karl deve tê-lo golpeado. É o que suponho. Pedi a algumas pessoas que me ajudassem a remover meu pai dali. Mesmo sendo proibido, recebi ajuda, e o puxamos para fora. Meu pai não pesava muito; era só um esqueleto. Nós estávamos tão fracos que quase não agüentamos puxá-lo. Em cada bloco havia um local reservado para os cadáveres. E ali colocamos o corpo. No dia seguinte pela manhã, após a contagem, levaram meu pai em uma carroça, junto com outros cadáveres. O crematório não funcionava mais. Atrás do bloco 25 havia uma pira; meu pai foi queimado ali. Fui olhar. Ele estava com os olhos abertos; era pele e osso. Vi a numeração sobre sua testa, em tinta vermelha.

Meu pai tinha quarenta e quatro anos quando se juntou aos seis milhões de judeus que pereceram no Holocausto. Para mim, ele ainda tem essa idade, porque os mortos não envelhecem. Para mim, terá sempre quarenta e quatro anos. Hoje, rendo-lhe homenagem fazendo o que ele me pediu. Eu conto; conto a nossa história. E cada vez que conto, penso nele. O que mais eu poderia fazer por meu pai?

CAPÍTULO 9

Você está em Auschwitz.
Daqui só se sai pela...

Os alemães disseram que seríamos deixados em Flossenburg e que ali esperaríamos a libertação pelos exércitos aliados. Como os americanos estavam perto, pensamos que desta vez iríamos mesmo ficar lá. Mas, como sempre, houve uma súbita mudança de planos. Chegou um telegrama contendo uma ordem do próprio Himmler proibindo definitivamente a entrega de prisioneiros vivos nas mãos do inimigo. O campo deveria ser evacuado, e os prisioneiros exterminados. O texto dizia:

14 de abril de 1945

Aos comandantes de campo de Dachau e Flossenbürg:

A entrega não entra em cogitação. O campo deve ser evacuado imediatamente. Nenhum prisioneiro pode cair vivo nas mãos do inimigo.

Heinrich Himmler

Fomos levados para fora do campo, embarcados em trens de carga e retirados dali. Fiquei feliz por ter entrado no vagão com os prisioneiros russos, oficiais do Estado-Maior. Senti-me protegido porque sabia, desde os tempos do gueto, que a libertação chegaria através do exército russo, e eu havia transferido para aquelas pessoas toda a minha esperança. Minha alegria, no entanto, durou pouco. O chefe deles, um coronel, esticou os pés na minha direção e me deu pontapés na cabeça, gritando:

— Sai daí, judeu sujo!

Os outros também começaram a me chutar por todos os lados. Fui recuando e me encolhendo o mais que pude. Minha decepção foi muito grande. Em quem mais eu poderia confiar? Durante todo o trajeto, permaneci encolhido a um canto, acuado e assustado. O trem parou na estação em Offenburg. A cidade havia sido bombardeada pela aviação aliada e estava deserta. Ficamos alojados em um *Flakkaserne*, um quartel de canhões antiaéreos. A estrutura do prédio havia sido abalada pelo bombardeio, e os alemães tinham medo de entrar; mas nós, prisioneiros, éramos obrigados a permanecer lá, apesar do risco de desabamento. Ao som do apito, tínhamos que sair. Fomos divididos em grupos de trabalho e designados para limpar a cidade. Disseram que quem não estivesse em condições de trabalhar poderia permanecer no quartel. Eu era sempre voluntário para o trabalho; sabia o que ocorreria àqueles que permanecessem no campo. Desde o início da guerra, era assim. Os incapazes para o trabalho eram exterminados. Em Offenburg não foi diferente.

Alguns grupos de trabalho tiveram mais sorte que outros. Os que foram indicados para limpar casas encontravam sempre alguma comida, mesmo que fosse pão mofado. Era também possível colher frutas perto das casas. Meu grupo foi para a estação de trem. Limpávamos o lixo entre os escombros. Não havia comida. Os inspetores da estação traziam lanche e jogavam os restos fora. Um dia, achei no lixo um embrulho de restos. No pacote havia casca de maçã, espinha de peixe e uma guimba de cigarro. As cascas estavam cheias de cinzas; limpei as cinzas e devorei as cascas com as espinhas de peixe. Para mim, aquilo foi um banquete.

Em Offenburg, conheci um prisioneiro, um rapaz judeu de nome Lolek, e ficamos amigos. Ele tinha a mesma idade que eu, mas era mais esperto para arranjar alguma comida, uma fruta ou um legume qualquer. Lolek estava muito fraco, mas sempre me dava um pedaço do que conseguia.

Cada grupo de trabalho era comandado por um guarda da SS e um *Kapo*. Um dia, pedi permissão ao guarda do meu grupo para ir urinar adiante, nos escombros. Em um grupo que estava próximo, o *Kapo* era o cigano de Flossenbürg, o ajudante de Karl. Quando me viu subir nos escombros, instigou o guarda da SS, dizendo que eu estava fugindo. O guarda já ia armar o fuzil para me matar, quando o chefe do meu grupo gritou que eu havia sido autorizado.

Ocorreu uma vez que, após o trabalho no *Flakkaserne*, eu estava sentado junto a uma mesa. Próximo a mim, havia um prisioneiro russo. Ele certamente quis agradar o *Kapo*, acusando-me, e disse que eu havia tirado um piolho da cabeça e colocado em cima da mesa. O *Kapo* procurou sobre a mesa e não viu nada. Então, encheu o russo de bofetadas. Confesso que fiquei feliz. É certo que depois tive medo do russo; ele poderia vir se vingar de mim. Nós, judeus, éramos perseguidos até nos campos; não apenas pelos guardas e *Kapos*, mas também pelos próprios prisioneiros.

Após alguns dias de trabalho nos escombros, tomei coragem e fui pedir ao guarda que distribuía os grupos para, no dia seguinte, colocar-me em outro trabalho onde eu pudesse conseguir alguma fruta, qualquer coisa para comer. Na verdade, eu não pedi, implorei. Eu sabia que estava morrendo. O homem respondeu:

— Amanhã? Você sabe se vai estar vivo amanhã?

Pelo visto, ele sabia o que estava dizendo, porque no mesmo dia fomos reunidos mais cedo e voltamos ao *Flakkaserne*. Ao chegarmos de volta ao quartel, soubemos que os prisioneiros que permaneceram ali foram fuzilados e enterrados no pátio. Embarcamos no trem e fomos levados a um outro campo, porque os aliados estavam se aproximando. Os alemães haviam perdido a guerra, mas não podiam deixar testemunhas. Chegamos a um campo de trabalho que ficava perto de Donaueschingen. Os nazistas disseram que aquele era um campo de voluntários, mas já sabíamos que era mentira. Os trabalhadores eram civis que haviam sido trazidos da Polônia, Rússia e de outros lugares. Nesse campo, morreu o comandante do bloco de Flossenbürg, o *Blockaelteste* que vivia bêbado. Acho que ele morreu de bebedeira, cirrose. Foi enterrado em uma fossa. Não posso negar que fiquei feliz. Na mesma noite, vimos Donaueschingen ser bombardeada. Vimos os clarões a distância. Os alemães gritavam:

— Deitar! Deitar!

Não queríamos deitar. Permanecemos parados de pé, observando a cidade bombardeada e incendiada. O fim do pesadelo estava próximo.

Naquela madrugada, passou pelo campo um batalhão do exército alemão. Eram os combatentes da frente alemã retrocedendo. Eles deram ordem ao nosso comandante para que abandonássemos o campo. Nenhum prisioneiro podia ficar para trás. Fomos levados à cidade de Donaueschingen. Íamos por uma estrada secundária e vimos os tanques aliados passando pela estrada principal. Infelizmente, não fomos vistos.

Chegamos a Donaueschingen e embarcamos num trem. O destino era o lago Constanz, como soubemos depois. Ali, seríamos afogados. Ficamos sabendo mais tarde que várias embarcações haviam sido afundadas. Os prisioneiros eram colocados dentro das barcas; no meio do lago, as válvulas eram retiradas, e as barcas inundavam e naufragavam.

No meio do caminho, fomos bombardeados pelos aviões aliados. Não sei se era a força aérea americana ou a inglesa; pensaram que o trem transportava militares e nos bombardearam. A locomotiva foi atingida, e o trem parou. Estávamos diante de uma floresta. Os soldados ordenaram que fugíssemos em direção à floresta. Para nos apressar, os alemães atiravam sobre as nossas cabeças. Estávamos tão fracos que mal conseguíamos andar. Eu pesava menos de trinta quilos e me arrastava com dificuldade. À entrada do bosque, todos tivemos que parar. Entramos na mata e fomos divididos em grupos. Permanecemos escondidos até anoitecer. Quando começou a escurecer, todos os grupos saíram do bosque; fomos levados à cidade mais próxima, de nome Tuttlingen. Não sei como os soldados recebiam ordens e como conseguiam estar tão sincronizados uns com os outros. É um mistério. Outro mistério intrigante é a troca dos soldados. Esses guardas que nos conduziram à floresta e depois a Tuttlingen não eram os mesmos de antes. Alguns eram até prisioneiros alemães do campo de Flossenbürg, mas estavam fardados e armados. Um deles só sabia falar polonês. Como era possível ser um soldado da SS? Vários *Kapos* alemães também estavam armados. Os guardas de Flossenbürg não estavam mais lá, e os que estavam não eram guardas em Flossenbürg. Quando e onde se dera essa troca?

À noite, fomos levados a pé, em grupos, até que chegamos a Tuttlingen. Nessa cidade havia um campo de concentração, mas os prisioneiros já tinham sido removidos. Entramos na cidade; um bando de miseráveis, imundos e esfomeados. Vi a população local chorar ao nos ver; começaram a jogar pão e frutas na nossa direção. Tinham medo de ser responsabilizados pelo nosso estado. Eu não peguei nada. Não me importava mais. Desde o bombardeio ao trem, eu havia entrado no estágio de *Muselmänner*; não sentia fome, dor ou medo. Não sentia mais nada. Estava desligado da realidade à minha volta. Fazia só o que me ordenavam. Eu seguia em frente, enquanto os outros pegavam a comida. Os guardas não impediam que a população jogasse comida para nós.

Em Tuttlingen, fomos conduzidos a um trem. Íamos em direção ao trem, quando dois rapazes foram fuzilados. Eles foram assassinados por nada; estavam parados e, simplesmente, sem mais nem menos, atiraram neles. Aquilo já havia se tornado uma rotina. Não nos espantávamos mais com coisas desse tipo. De minha parte, aquilo não me dizia mais nada, tendo em vista o meu estado de melancolia. Os rapazes morreram um dia antes da libertação. O Holocausto durou até o último instante.

Era um trem de passageiros. Depois de tantos anos, entramos em um trem que não era de carga. Eu não podia sentar. Meus pés estavam inchados, e eu sabia que a morte estava próxima. Quando o inchaço nas pernas chegava ao joelho, a pessoa morria. Minhas pernas já se achavam assim. Eu pesava apenas vinte e oito quilos. As pernas estavam pesadas para o corpo. Sentei no chão do vagão e puxei para cima da cabeça o trapo que servia de cobertor. Era um pano sujo, fedorento e cheio de piolhos. E eu estava ali, alheio a tudo; nada mais importava. Perto do fim, eu me entreguei, renunciei. O trem começou a andar. Algum tempo depois, ouviu-se uma explosão. Até hoje, não sei quem dinamitou os trilhos. Alguns disseram que foram os alemães, outros afirmaram que foram os franceses. Ouvi gritos ao longe e vi clarões, mas eu permanecia sentado e desinteressado. O trem não podia seguir. Com a explosão, os trilhos foram destruídos. O trem começou a andar para trás até chegar à estação de Immendingen bei Tuttlingen.

Parou na estação, mas eu permaneci sentado como antes, mergulhado na indiferença. No vagão onde eu me encontrava, havia muitos mortos. Todos os cadáveres estavam com os olhos abertos; quando se morre de fome, os olhos permanecem arregalados. Eu estava sentado no chão, enrolado naquele trapo imundo, com os olhos baixos. Senti que alguém se aproximou de mim e removeu o pano que cobria a minha cabeça. Ergui os olhos. Um homem começou a falar comigo numa língua estranha para mim. Não sei se era italiano, grego ou algum outro idioma. Não entendi o que ele dizia; na verdade, eu nem reagi à sua presença. Em seguida, ele desapareceu. Eu nem me mexi do lugar. Permaneci alheio como antes. Pouco tempo depois, o homem voltou. Trouxe uma caneca de leite. Falou comigo outra vez naquela língua e estendeu a caneca para mim. Não consegui levantar a mão para pegá-la. Não tinha força nem vontade. O homem não desistiu; reclinou a minha cabeça e foi derramando o leite para dentro da minha boca entreaberta. Suponho que era um civil estrangeiro que fazia trabalho escravo na Alemanha. Esse homem sem nome salvou minha vida. Não sei como posso agradecer a um desconhecido. Não sei nada a respeito dele; no entanto, esta cena está gravada na minha memória como a imagem de um novo nascimento. E o leite que ele me ofereceu é como o gesto maternal que promove a vida. Eu estava tão desnutrido que o fluxo de proteínas que ingeri poderia ter me matado, mas, ao contrário, após ingerir aquele leite, voltei à realidade. Recuperei a vontade de viver. Olhei em volta e vi que estava dentro de um vagão. Saí do trem e vi gente correndo, segurando tochas e gritando que os alemães haviam fugido e que nós estávamos livres. Eu perambulava pela estação por entre os vagões. Ouvi alguém gritar que havia um vagão com arenque. Todos correram naquela direção; quando cheguei, o arenque havia acabado. Depois, gritaram que havia açúcar. Ocorreu o mesmo: quando cheguei, não havia mais açúcar. O máximo que consegui foi lamber algumas sobras. Eu estava muito fraco para andar. Isso foi bom para mim, porque as pessoas, após a comilança, eram acometidas de diarréia, e algumas até morriam. Quando gritaram que havia roupas, tentei me apressar, porque o que eu mais queria era tirar aquele uniforme de listas imundo e fedorento. Eram roupas de exército. Peguei camisa, calça, túnica e sapatos ingleses. Joguei fora o uniforme, mas eu estava ainda cheio de piolhos. Não havia onde tomar banho. Depois, achei alguma comida — e também tive diarréia.

Immendingen bei Tuttlingen e redondezas foram tomadas pelo exército francês. Essa foi a primeira etapa da libertação. Aqueles trilhos em Tuttlingen tinham sido explodidos pelos franceses, e o trem dera um solavanco para trás. Assim, fôramos na direção oposta, até a estação de Immendingen bei Tuttlingen. Todos os trens fugiam para essa estação. De lá não se podia avançar ou recuar. Havia também um trem cheio de dinheiro; eram notas de vinte marcos. Pensávamos que o marco alemão não valia mais nada e não pegamos o dinheiro. Nós, literalmente, nos limpávamos com as notas. Pouco depois, o dinheiro foi retirado pelos franceses. É claro que o marco alemão voltou a valer.

O exército francês não quis saber de nós. Não recebemos nenhum tratamento; fomos largados como lixo. Não havia banho. Continuávamos imundos e infestados de piolhos como antes. Em vez de providenciarem medicação básica, davam-nos carvão para comer. Comíamos carvão para conter a diarréia. Eles, com certeza, dispunham de médicos, psicólogos, enfermeiros e medicamentos. Mas nós fomos abandonados, exatamente como antes. Estávamos alquebrados. Alguns oficiais chegaram e perguntaram se havia franceses entre nós. Havia dois marroquinos, um argelino e um rapaz francês; eram judeus *sefaradim*.

Eles foram levados pelos oficiais. Dias depois, vi o rapaz vestido com uniforme francês, e estava armado. E nós permanecemos na estação.

Quando fui trocar de roupa, entrei num trem de alemães. Esses trens eram equipados com beliches, calefação e cozinha. Quando entrei no vagão, vi soldados alemães tirando os uniformes e vestindo roupas civis para fugir. Saí de lá o mais rápido que pude. Depois que os soldados se foram, eu e alguns amigos entramos no vagão. Queríamos deitar. Eu não podia andar, só deitar. No dia seguinte, recolhemos macarrão nos vagões e cozinhamos. Comíamos o que era possível.

Passados alguns dias, os franceses avisaram que estavam recuando até Donaueschingen porque os alemães vinham voltando. A cidade de Donaueschingen ficava a vinte quilômetros de Immendingen. Eu não podia fugir; não conseguia andar. Ficava todo o tempo no vagão abandonado pelos alemães e mal podia me mexer. Eu não tinha outra alternativa. "Seja o que Deus quiser", pensei. Outros sobreviventes também permaneceram em Immendingen bei Tuttlingen devido à fraqueza.

No dia seguinte, os alemães voltaram. Entraram nos

vagões. Fomos retirados e levados a fuzilamento. No caminho para a morte, aproximaram-se um padre, um pastor e um civil. Dirigiram-se ao oficial da Wehrmacht, o exército alemão, e perguntaram-lhe acerca do fuzilamento. O oficial disse que nós havíamos saqueado as casas dos alemães e, por esse motivo, seríamos fuzilados. Como poderíamos ter saqueado alguma coisa se nem podíamos andar? Os sacerdotes argumentaram:

— Os franceses voltarão. Se vocês matarem essa gente, eles vão arrasar a cidade. É melhor deixá-los para não sofrermos as conseqüências mais tarde.

O argumento foi convincente. Fomos levados a uma escola onde havia também prisioneiros franceses. Um soldado francês me deu um pedaço de queijo. Eu não tinha comido o dia inteiro.

Naquela noite, a artilharia francesa bombardeou a cidade, e os alemães fugiram. Depois do bombardeio, a cidade ficou deserta. Voltei ao trem porque não tinha mais para onde ir. Outros companheiros voltaram também. Ficávamos juntos no trem e ali cozinhávamos. A guerra prosseguia. Passaram aviões aliados sobre Immendingen. A tripulação pensou que havia militares nos trens, e, assim, fomos bombardeados dois dias seguidos. Duas pessoas que estavam no meu vagão morreram. Começamos a correr para um abrigo. Correr não é o termo adequado, porque mal podíamos andar. Nós nos arrastávamos até o abrigo. No caminho, levei um tiro na coxa e caí. As pessoas me pegaram e me levaram para dentro do abrigo. Pela manhã, os franceses estavam de volta à cidade. Quanto a nós, voltamos ao trem.

Eu precisava de atendimento médico, mas não quiseram me aceitar no hospital. Recebi ajuda de um francês que intercedeu por mim e exigiu que eu fosse atendido na enfermaria. Colocaram um esparadrapo sobre a ferida. Esse foi o tratamento para um tiro na perna. O resto foi feito pela ação do tempo. Eu tinha também uma enorme ferida aberta no calcanhar, conseqüência da caminhada na Marcha da Morte com os tamancos de madeira. Era uma ferida profunda que exalava mau cheiro. Essa ferida também cicatrizou com o tempo, sem que eu recebesse qualquer tratamento.

O fim da guerra e a nossa libertação marcaram o início de uma outra batalha. Tínhamos que recomeçar; sem parentes, casa, dinheiro, comida, roupas ou documentos. Nada. Além de tudo, permanecíamos no meio de gente hostil. Ninguém se importava com a nossa situação, e continuávamos abandonados. Ninguém veio ajudar; não havia comida, médicos ou remédios. Eles nos libertaram por acaso. Nós estávamos lá, simplesmente...

CAPÍTULO 10

*Você está em Auschwitz.
Daqui só se sai pela chaminé.*

Após a libertação, passamos a morar no trem. Éramos cinco rapazes. Os franceses afixaram cartazes proibindo a entrada nas casas abandonadas pelos habitantes alemães. Para sobreviver, íamos até as fazendas pedir um pouco de pão ou batata. Era como pedir esmola. Saíamos em duplas, arranjávamos a comida e levávamos para o vagão. Se não fosse por isso, teríamos morrido de fome. Na primeira vez que saí, fui a uma granja e perguntei à dona do lugar se ela não teria casca de batata para nos dar. A mulher me olhou com estranheza e perguntou:

— Para que você quer casca de batata? Você cria porcos?

Respondi que não. Disse-lhe que fôramos libertados em Immendingen, perto dali, e que fazíamos parte de um grupo que não tinha o que comer. Ela perguntou:

— E por que você não pede batatas? Não quer levar batatas?

Respondi:

— Sim, é claro. Nem me passou pela cabeça que eu podia pedir batata.

Eu pedira casca de batata. Meu corpo estava em liberdade, mas minha alma continuava em guerra. Eu estava tão acostumado a valorizar a casca de batata, que esquecera da batata. Também não me lembrava mais como era um ovo. Achava que era redondo e que continha alguma coisa de cor preta, amarela e de outras cores. Quando vi um ovo, não era como eu imaginava. Eu ficara mais de cinco anos sem ver um ovo. Na verdade, ficara mais de cinco anos sem viver. Ao final da guerra, eu tinha dezessete anos, mas era como se tivesse doze. Eu havia vivido apenas aqueles doze anos; os anos restantes, eu não estive neste mundo. Estive em um inferno que foge ao âmbito da natureza humana.

A cada três dias, saíamos para pedir comida nas fazendas e granjas e trazíamos ao vagão. Assim, fomos nos recuperando aos poucos. Até sermos expulsos do trem e nos transferirmos para o escritório da estação, onde passamos a dormir no chão. Foi nessa ocasião que Lolek, meu amigo de Offenburg, perdeu o juízo. Ele enlouqueceu. À noite, gritava:

— Os alemães estão voltando! Eles estão voltando!

E isso se repetia todas as noites. No início, ficávamos assustados e corríamos para nos esconder. Depois, começamos a perceber que aquilo era um tipo de delírio; ele já não dizia coisas com sentido. Pedimos ajuda, e Lolek foi levado numa ambulância. Nunca mais soubemos dele.

Apesar da proibição de entrar nas casas, ocupamos um quarto na casa de um açougueiro. Era um nazista que havia fugido, deixando a casa vazia. Vivendo nessa casa, em melhores condições, e com a comida que conseguíamos obter nas fazendas, fomos melhorando nosso estado de saúde. Começamos a ganhar forças e até a recuperar a nossa virilidade. Essa foi uma grande preocupação que tínhamos, porque corria a notícia de que os alemães estavam colocando um medicamento na comida para deixar os homens estéreis e impotentes. Quando recuperamos a potência sexual, vimos que voltamos a ser pessoas normais.

Quando a nossa saúde melhorou, cada um de nós foi seguir o seu caminho. Peguei um trem até Tuttlingen e lá peguei um outro. A Alemanha estava dividida em zonas, e eu queria sair da zona francesa e entrar na zona americana. Eu era uma pessoa só no mundo. Todos os sobreviventes eram solitários. Quando aparecia uma oportunidade, as pessoas se apegavam umas às outras. Eu não queria mais voltar à Polônia, por causa do anti-semitismo e por tudo o que me havia ocorrido. Um dia conheci um russo e me apeguei a ele. Seu nome era Afanazi. Fomos juntos para a zona americana, para a cidade de Leipzig. Em Leipzig havia um campo de russos que pretendiam voltar à antiga URSS. Afanazi decidiu voltar também e me aconselhou a ir junto.

Pouco tempo depois, Leipzig passou a pertencer à zona russa. Fomos então conduzidos a um outro campo de triagem, chamado Zeithein, perto de Dresden, que ficava também na zona russa. Ali, eles faziam o registro dos sobreviventes. Quando me perguntaram qual era a minha nacionalidade, respondi apenas que era judeu. Eu não queria mais ser polonês. Como não existe uma nacionalidade judaica, fui registrado como polonês.

No campo de Zeithein, havia ex-prisioneiros de guerra

de todas as nacionalidades. Na sua maioria, eram da força aérea. Todos os dias chegavam aviões para resgatar as pessoas, de acordo com os seus respectivos países de origem. Havia até uma pista para pouso. Os aviões chegavam em grandes festejos: flores e música comemorando a volta para casa. Para mim, não havia volta; também não havia casa.

Os russos eram levados para campos de concentração que Stalin construíra para os sobreviventes. Esses campos eram chamados *gulags* e ficavam na Sibéria. Stalin pensava que todos os russos que haviam estado nas mãos dos alemães e sobrevivido eram colaboradores dos alemães. Isso se referia a judeus e a não-judeus. Para ele, todos eram tratados como se tivessem servido de *Kapos* ou traidores. Até os sobreviventes de campos de extermínio eram, na avaliação de Stalin, anti-soviéticos. Assim, os sobreviventes russos resgatados foram mandados para a Sibéria.

Um dia, dois homens, sendo um o comandante do campo de Zeithein e o outro um médico, dirigiram-se a mim e se apresentaram como judeus. Eles me aconselharam a abandonar a idéia de ir para a União Soviética. Até a Polônia, disseram, seria melhor para mim que a União Soviética. "Vá para o ocidente", foi o conselho que me deram. Esses homens, judeus russos, eram oficiais do exército, e, apesar de serem russos, não me deixaram ir para a Rússia, alegando que não seria bom para mim e que, indo para o ocidente, eu até poderia encontrar mais judeus. Deram-me dinheiro, um punhado de marcos e também uma certidão para que eu pudesse passar pelas fronteiras. Quando eu mostrava o documento, as portas se abriam para mim, e os soldados até faziam continência. Assim, tive que me separar de meu amigo Afanazi e parti com um polonês que conheci no campo; íamos em direção à Polônia. No caminho de volta, chegamos a Praga, onde permanecemos por sete dias.

Um dia, esse homem polonês foi comprar comida e, ao voltar, disse que havia visto judeus na estação de trem. Respondi que era impossível. Eu achava que os únicos judeus sobreviventes éramos os cinco rapazes do trem em Immendingen. Para me provar que não era impossível, voltou trazendo três homens jovens. Esses homens eram mesmo judeus, da cidade de Tarnow. Quando souberam que eu pretendia voltar à Polônia, ficaram alarmados. Isso porque, um dia antes, houvera um *pogrom* em Kelce, onde muitos judeus tinham sido mortos. A guerra já havia terminado, mas a população na Polônia massacrava os judeus sobreviventes. Mostraram-me os jornais com as notícias do *pogrom* e insistiram para que eu os acompanhasse. Disseram-me que se eu voltasse à Polônia seria exterminado. Estávamos na cidade de Praga, na Checoslováquia. Nos dias em que estive em Praga, recebi tratamento médico, internado em uma instituição de caridade.

O polonês voltou para a Polônia, e eu ganhei novos amigos. Era como se aqueles homens tivessem me adotado. Chamavam-me de criança, apesar de não serem muito mais velhos que eu. Seus nomes: Victor Dorman, Jacob Janek Birenhak e Chaim Kalfus. Desde que nos encontramos, ficamos juntos.

Depois de Praga, fomos a Bucareste, e de Bucareste a Pilsen, na Checoslováquia. Ali era zona americana. Recebemos da UNRRA (United Nations Relief   Rehabilitation Administration) um documento de identificação. Os americanos queriam nos alojar em um campo de refugiados; nós não queríamos mais saber de campos. Ficamos vagando sem destino, de cidade em cidade. Os americanos distribuíam alimento, e nós dormíamos em albergues. Nosso estado testemunhava por nós, e quando entrávamos nos quartéis americanos, recebíamos comida.

A guerra havia terminado, e o sentimento de ódio e revolta que se instalou em mim era grande. Eu não praticava nenhum ato de vingança; os preceitos éticos nos judeus estão marcados na alma, e a extrema limitação do "Não matarás" impediu que eu fizesse justiça com as próprias mãos. Eu fazia uma pequena vingança que me dava um certo alívio, mas hoje vejo como eu era ingênuo e puro. Nós recebíamos cigarros do exército americano, da UNRRA e da Cruz Vermelha. Eu não era fumante, mas pegava um cigarro, dava duas tragadas e jogava o resto no chão. Os alemães corriam para pegar o cigarro; exatamente como nós, na floresta, corremos para pegar aquele pedaço de pão, e como meu pai, que se debruçou para apanhar uma guimba. Eu então pisava no cigarro, quase inteiro ainda, e o esmagava. Essa era a minha vingança.

Um dia, aconteceu adormecermos num trem de carga e, ao acordarmos, estávamos na zona inglesa. Soubemos que havia ali um campo de refugiados em Bergen-Belsen. Chegamos a Bergen-Belsen. À nossa chegada, fomos tratados como no tempo da guerra. Os ingleses bombearam inseticida em pó dentro das nossas roupas. Era inseticida apropriado para a lavoura. Em vez de banho, foi o que recebemos... Em Bergen-Belsen, encontrei uma pessoa conhecida. Isto me impressionou muito por dois motivos: primeiro, por ter sobrevivido, e segundo, por ter me reconhecido. Refiro-me à Sra. Buchman. Foi ela que me amamentou antes de Marja, a minha ama. Como ela me reconheceu, não sei.

De Bergen-Belsen fomos para Zeilsheim, perto de Frankfurt, que ficava na zona de ocupação americana. Em Zeilsheim, havia um campo sem cercas; as regras desse campo não eram rígidas, e por isso ficamos por lá. Permanecemos nesse campo durante um bom tempo. A Sra. Buchman foi me visitar, mas eu não estava em casa. Depois disso, nunca mais a vi. Soube que ela foi para Israel. Não sei mais nada a seu respeito...

Eu sabia que meu pai tinha uma irmã no Brasil, no Rio de Janeiro. Quando saímos do gueto para os campos, meu pai disse que, se fôssemos separados ou nos perdêssemos uns dos outros, ou em qualquer outra circunstância, o encontro seria no Rio de Janeiro. Lembrei-me desse fato. Além disso, disseram-me para ir em direção ao ocidente.

O nome da tia era Frajdel Guterman, esposa de Sholem Guterman. Os filhos eram Moniek e Célia. Com esses dados, enviei uma carta ao Comitê Judaico do Rio de Janeiro. A carta foi publicada em um jornal em iídiche, o *Undzer Shtime*, que quer dizer "Nossa Voz". Esse jornal foi parar, por acaso, nas mãos de minha família. Quando afirmo que o jornal chegou à minha família por acaso, é porque eles não eram sequer assinantes dele. O que ocorreu foi que o carteiro, querendo agradar um parente de meu tio, entregou-lhe o jornal em iídiche, que pertencia a outro assinante. Esse parente era dono de uma sapataria; seu nome era Nilo Guterman. O carteiro trocou o destinatário... Nilo abriu o jornal e leu minha carta. Imediatamente, comunicou o ocorrido a meus tios, dizendo que eu os estava procurando, e lhes deu o meu endereço na Alemanha. Àquela época, eu estava em Zeilsheim bei Frankfurt. Logo em seguida, recebi notícias de minha família. Eles pediam que eu viesse para o Brasil.

Um dia, vieram algumas pessoas e me ofereceram ajuda para emigrar para os Estados Unidos por intermédio da UNRRA em parceria com o Joint. Na verdade, ofereceram-me outras alternativas, mas optei pelos Estados Unidos.

Anos antes, ainda no gueto de Lodz, eu havia sonhado que estava indo aos Estados Unidos. Quando contara o sonho aos meus pais, eles tinham ficado felizes, porque aquele era um sinal de que eu não estava em depressão. O sonho que eu havia tido no gueto estava se concretizando. Estávamos no ano de 1947, e eu queria sair da Europa. Assim, aceitei ir para os Estados Unidos.

A maioria dos sobreviventes optou por Israel. Naquela época a imigração era ilegal. Quando os ingleses pegavam algum navio, confinavam os passageiros em Chipre, nos campos de trabalho. Eu não queria correr o risco de ir parar num campo outra vez. Por esse motivo, não optei por Israel. Ainda assim, fui preso como suspeito de ilegalidade. Eu estava em Bremerhaven esperando o embarque no navio *Marine Marlin*, que iria zarpar em algumas semanas. Como ainda faltava algum tempo, decidi voltar a Zeilsheim bei Frankfurt para ficar com os meus amigos. No caminho, entre a zona americana e a inglesa, fui revistado. Eu tinha apenas o documento de identificação da UNRRA. Esse documento não era suficiente para passar de uma zona a outra. Fui preso com outros viajantes sob suspeita de emigração ilegal para Israel. Suspeitaram que íamos para

Israel como clandestinos. Durante quase dois dias, fomos prisioneiros dos ingleses e ficamos todo esse tempo sem comer. Se esses eram os nossos libertadores, ai de nós com os nossos opressores! Não sei dizer que cidade era aquela; só sei que ficava entre Bremerhaven e Frankfurt. Fomos liberados após a intervenção de um oficial americano. Voltei ao porto de Bremerhaven, onde embarquei no *Marine Marlin* e cheguei aos Estados Unidos em meados de 1947.

CAPÍTULO 11

Vá para o ocidente.

Eu não conhecia ninguém em Nova York. Viajei por conta do Comitê Judaico e do Comitê dos Trabalhadores Judeus, o Idisher Arbaiter Comitet, com o apoio do Joint. Recebi trabalho e moradia. Eu trabalhava como peleteiro, com um salário de trinta e cinco dólares por semana. Apesar de ser um salário bom em relação ao mercado, o dinheiro não era suficiente. Isso porque eu era, com freqüência, acometido de fortes dores de cabeça. Sei que as crises de enxaqueca tinham relação com o meu estado emocional. As dores eram tão insuportáveis que eu me via obrigado a faltar um ou dois dias de trabalho por semana. E tinha de arcar com os descontos. O dinheiro era pouco, mas eu me sentia livre.

Apesar disso, era muito solitário. Solitário e carente de afeto. Carente de afeto e de família.

Um dia, recebi a visita de uma pessoa que conhecia minha tia no Brasil e que havia ido a Nova York para visitar a irmã. Através desse contato, acabei ficando amigo daquela família e fui morar com eles, onde permaneci até a minha vinda para o Brasil. Eles foram tão gentis e hospitaleiros comigo, que pretendiam mudar-se para Chicago e não foram, só por minha causa. Mal eu saí de lá, eles se transferiram para Chicago.

Quando o sindicato dos trabalhadores declarou greve, tive que mudar de emprego. Eu não podia sustentar uma greve sem ajuda financeira. Fui trabalhar numa loja de material fotográfico.

Meus parentes enviavam cartas pedindo que eu viesse ao Brasil. Depois de alguns obstáculos para conseguir o passaporte polonês, vim ao Brasil como turista. Cheguei entre o final de 1948 e o início de 1949. Acabei me fixando aqui definitivamente. Meus tios me receberam muito bem, apesar de não terem muitos recursos. Recuperei fotos da minha infância. Meus pais haviam mandado fotos aos parentes, antes da guerra. Essas são as únicas lembranças que me restam. Salvaram-se porque estavam no Brasil...

Levaram-me a médicos, diagnosticaram pressão alta, estresse, ansiedade e depressão. Um neurologista começou a tratar das minhas freqüentes dores de cabeça.

No início da minha vida no Brasil, fui trabalhar como peleteiro; depois, como mascate. Acabei desistindo do meu antigo sonho de estudar Medicina. Logo constituí família.

Minha querida esposa Cecília, meus filhos Jerson e Sérgio, e meus netos Júlia e Daniel se tornaram a razão e o grande sonho da minha vida. Além de me dedicar à família, atuo na comunidade judaica como ativista voluntário. Atualmente, aos setenta e dois anos, sou presidente da Sherit Hapleitá, a Associação dos Israelitas Sobreviventes da Perseguição Nazista. Recebi o título de Cidadão Honorário do Rio de Janeiro. Fui também citado no manifesto dos Direitos Humanos, na Câmara dos Vereadores do Rio de Janeiro. Sigo cumprindo a missão que recebi de meu pai: eu conto. Vou às escolas e universidades para dar o meu testemunho da atrocidade nazista. Cada vez que conto, revivo todos os sofrimentos que senti na época, mas, apesar de toda a dor, não deixo de contar.

As dores de cabeça diminuíram com o tempo, mas carrego outras marcas do horror que vivi durante todos aqueles anos. O Holocausto não sai do meu pensamento. Continuo revivendo cenas do gueto e dos campos. Fico deprimido e sofro de suores noturnos. Tenho pesadelos terríveis; sonho que estou sendo levado preso, ou que estou no campo de concentração. Tenho um sonho recorrente, em que sou atingido por um tiro na garganta, disparado por um soldado alemão. Sinto dores fortíssimas, apesar de estar dormindo, e acordo apertando o ferimento para não deixar o sangue sair. De tanto apertar, o local fica dolorido.

Nada sei a respeito de datas, horários, nomes ou números. Não sei quanto tempo durou, quem eram as pessoas ou o número do meu uniforme. Isso não me importa. As pessoas perguntam, mas não sei por que isso é importante para elas. Sei lá de que lado estava o sol ou a sombra, se chovia torrencialmente ou garoava... Eu estava lá, eu estava lá, eu estava lá...

Às vezes, sinto-me culpado por ter sobrevivido. Minha mãe morreu no primeiro campo; meu pai, no último. Por que eu sobrevivi? O que determinou que eu vivesse e outros morressem? Por mais de dez vezes, estive diante da morte e, por ação do acaso ou de coincidências que não sei explicar, escapei e permaneci vivo.

Apesar de tudo, não sou uma pessoa amarga e não sinto ódio. Preocupo-me com a nova geração. Espero que o meu passado não seja o futuro das gerações que estão por vir. Procuro mostrar aos jovens como as mentes das pessoas foram esvaziadas e dominadas por um louco, por idéias absurdas, e como se perdem o controle e o discernimento dos próprios atos. Alerto sempre para esse perigo...

CAPÍTULO 12

Vá para o ocidente.
Talvez você possa encontrar mais judeus.

Esta foi a história que meu amigo Heniek contou. É a história de uma fase de sua vida que representa uma fase da história do meu povo e da história da humanidade. Este relato deve ser multiplicado por horas, dias e anos, porque perfaz a totalidade dos dias da guerra. Este relato deve se estender a todos os guetos, campos e marchas da morte, porque foi exatamente assim em todos os lugares, não importa com quem. Este relato deve se referir a todos os sobreviventes e a todas as pessoas que estiveram ou não na guerra, que já tinham morrido ou ainda não tinham nascido, porque diz res-

169

peito ao homem, e poderia ter acontecido com qualquer um e em qualquer tempo.

Hoje, no sossego da idade madura, em um canto tranqüilo da agitada cidade do Rio de Janeiro, meu amigo, finalmente, sonha um sonho bom. No sonho, Heniek anda por uma alameda florida e encontra sete pessoas; essas pessoas podem estar vivas... E por que não? O primeiro que encontra é Lolek, o amigo que sempre arrumava um pedaço de pão velho e dividia com ele. Lolek foi embora em uma ambulância, totalmente fora de si. Heniek lhe diz suavemente:

— Amigo! Se você estiver vivo, desejo que tenha saúde e seja feliz!

Em seguida, vem o homem que lhe deu uma caneca de leite no trem. Heniek o abraça por um longo tempo e não consegue dizer palavra. Exatamente como naquele dia.

Quem vem lá agora? Ora, é o mestre-de-obras da floresta em Kaltwasser. Heniek lhe diz com afeto:

— Quer dizer que hoje você está "com o pássaro", hein? Lembra? Você tem idéia de como era bom ouvir isso? Obrigado por essa brincadeira e por aliviar o espancamento de meu pai e de outros prisioneiros.

Eis que se aproxima uma mulher, um rosto querido. É Marja, a ama-de-leite. Heniek grita de longe, enquanto corre na sua direção:

— Marja! Seu filho está vivo!...

O rosto de uma bondosa mulher. É a Sra. Buchman, em pessoa. Meu amigo lhe diz:

— Pode sentir orgulho de mim, Sra. Buchman. Apesar de todos os sofrimentos, saí com o coração puro.

O próximo a chegar é o soldado francês que o carregou até o hospital e intercedeu para que fosse atendido. Disse-lhe:

— A função dos soldados é matar, mas você, ao contrário, restituiu-me a vida.

Por último, aproxima-se alguém a passos lentos. Heniek o reconhece imediatamente. É o homem que ofereceu o ombro a seu pai na Marcha da Morte. Heniek lhe diz, comovido:

— O seu gesto salvou minha vida. Lamento que meu pai não esteja aqui conosco.

Heniek sai do sonho e desperta do sono com a convicção de que aquelas pessoas ainda vivem — pelo menos dentro dele. Então, começa a refletir a respeito de sua história, de todas as vezes em que esteve perto da morte e se salvou, e de como é feliz hoje nesta terra tropical, tão quente quanto seus habitantes. E pensa:

Sou feliz porque minha vida foi ceifada aos doze anos e eu prossegui vivendo, quem sabe, até os cento e vinte; porque meu pai ordenou que eu vivesse e eu o atendi; porque não sei ao certo como ou quando morreu minha mãe, e por isso ela ainda está viva; porque meus olhos viram o que viram e não ficaram cegos; porque vi a face da morte e a transformei em vida; porque contei a minha história sem chorar; porque, apesar de ter estado durante anos no inferno, retornei para contar o que queriam que eu calasse.

... Pai! — eu digo —
Se eu sair vivo daqui,
se um dia eu tiver uma casa,
não sairei em dia de chuva...

Heniek sai à rua em dia de chuva. Sai sem capa ou guarda-chuva, abre os braços e ergue o rosto em direção ao céu, sentindo cada gota de vida, de paz e de liberdade.

Este livro foi composto na tipografia Egyptian 505
BT, em corpo 11,5/19, e impresso em papel
off-set 90g/m² no Sistema Digital Instant
Duplex da Divisão Gráfica da Distribuidora Record.